© Verlag Zabert Sandmann
München
1. Auflage 2008
ISBN 978-3-89883-184-0

Redaktion Karen Guckes-Kühl, Karin Kerber

Textbeiträge Heike Wörner

Fachliche Mitarbeit (Rezepte) Martina Solter (Dipl. oec. troph.)

Graphische Gestaltung Georg Feigl

Foto Buchumschlag (vorne) Dr. Kai-Uwe Nielsen

Herstellung Karin Mayer, Peter Karg-Cordes

Lithographie Christine Rühmer

Druck und Bindung Mohn media Mohndruck GmbH, Gütersloh

Dieses Buch entstand in Zusammenarbeit des Verlags Zabert Sandmann (www.zsverlag.de) mit ProSieben.

besser essen 2

LEBEN LEICHT GEMACHT

Nicola Sautter & Silke Kayadelen

ZABERT SANDMANN

Inhalt

Liebe Leserin, lieber Leser!

»Ein Sonntag ohne Kuchen ist kein Sonntag«, bemerkt die Mutter und schneidet eine dicke Schokoladencremetorte an – nicht selbst gebacken, sondern aus der Tiefkühltruhe im Supermarkt. Die Kinder und auch ihr Mann essen sie so gerne. Beide Eltern bringen ein ganz schönes Gewicht auf die Waage und beide wissen, dass sie dringend abnehmen müssten. Auch die Kinder sind recht kräftig, und sicher täte es ihnen ebenso gut, ein paar Pfund weniger zu wiegen. Wenn sie nur nicht ständig vor dem Computer hingen! Man müsste ein wenig Sport treiben und gesünder essen, eigentlich. Man weiß ja: weniger Fett, weniger Süßes, mehr Gemüse. Aber wie soll das gehen? Diäten hält doch keiner durch. Also lässt man sich Ausreden einfallen, warum die Familie dick und man selbst eigentlich machtlos ist: die erbliche Veranlagung, keine Zeit, richtig zu kochen, die widerspenstigen Kinder. Der Nachteil ist nur: So ändert sich nichts.

Ein dickes Problem

Die Lage ist dramatisch. Die aktuelle große nationale Verzehrsstudie aus dem Jahr 2008 hat gezeigt, dass schon zwei Drittel der Männer, die Hälfte der Frauen und bereits 17 Prozent der Jugendlichen in Deutschland übergewichtig sind. Selbst bei den Kindern sind es schon 15 Prozent. Die Tendenz weist insgesamt weiter nach oben, obwohl andererseits die Fitnesswelle rollt und Biokost in den Läden so gefragt ist wie nie zuvor. Das ist auf den ersten Blick ein Widerspruch, auf den zweiten wird klar: Es öffnet sich die Ernährungs- und Fitness-Schere. Ebenso wie die Reichen immer reicher und die Armen ärmer werden, essen ein paar Ernährungsbewusste immer gesünder und der große Rest immer ungesünder. Schlechte Ernährung und Übergewicht, auch das hat die Verzehrsstudie herausgefunden, sind offenbar eine Frage der Bildung und der sozialen Zugehörigkeit. Je höher der Schulabschluss und je höher das Einkommen, desto niedriger fällt im Durchschnitt das Gewicht aus. Und umgekehrt: Je niedriger die soziale Schicht, desto mehr Übergewichtige gibt es.

Einerseits kostet eine hochwertige Ernährung tatsächlich mehr, als sozial schwächere Familien erübrigen können. Andererseits könnten sich die allermeisten Übergewichtigen eine gute Ernährung durchaus leisten. Denn man kann auch mit wenig Geld besser essen. So hat es doch fast jede Familie selbst in der Hand, ob sie dem fetten Schlendrian anheimfallen will oder nicht. Niemand benötigt ein spezielles Fachwissen, um sich gesund zu ernähren, vielmehr reicht hier ein minimales Basiswissen absolut aus. Was allerdings nötig ist, sind Kochkenntnisse, denn gesunde und gleichzeitig preiswerte Mahlzeiten muss man selbst zubereiten.

Gewohnheitssache

Viele schwergewichtige Familien sind sich darüber im Klaren, dass sich etwas ändern sollte. Oft glauben sie aber, dass sie dafür hungern oder eine Diät halten müssen. Viele wissen nicht, wie sie ohne Qual abnehmen und wie das auch langfristig durchhalten können. Das stellen wir bei unseren Besuchen in dicken Familien immer wieder fest. Nicht von ungefähr hat die erste Staffel von »Besser Essen – leben leicht gemacht« im Frühjahr 2007 mit jeder Sendung durchschnittlich eine dreiviertel Million Zuschauer erreicht. Und nicht umsonst haben mehr als zweihunderttausend Familien unser erstes »Besser-Essen-Buch« zurate gezogen, bei dem wir uns ganz auf das Thema Ernährung konzentriert haben. Wir haben gezeigt, wie man sich gesund satt isst und dabei abnimmt, wie man mit dem allgegenwärtigen Nahrungsüberangebot umgehen kann, und wir haben Tipps für richtiges Einkaufen gegeben.

Manche Familien schaffen es trotzdem nicht, besser zu essen und leichter zu leben, weil sie ihren Gewohnheiten nicht entkommen können. Essen aus Frust, Essen als Trost, Essen aus Langeweile – viele Übergewichtige kennen diese Motive gut und möchten ihnen gerne entkommen, nur wie? Manche Familien haben darüber hinaus im Laufe der Jahre Gewohnheiten entwickelt, die die Fettpolster immer weiter wachsen lassen. Dazu gehört an erster Stelle die Unsitte, kaum mehr gemeinsam zu essen. Bei manchen häufen sich Süßigkeiten und salzige Knabbersachen in ihren Vorratsschränken an, andere geben ihren Kindern allzu große Freiheiten, sodass diese sich an allen Vorräten jederzeit bedienen dürfen. Es gibt ebenso viele psychische und soziale Dickmacher, wie es Dickmacher im Essen gibt!

In Bewegung kommen

Manche Familien scheitern auch an ihrer Trägheit, die sie vor dem Fernseher versinken lässt und verhindert, dass sie ein aktives Leben führen, das Spaß macht und alle auf Trab hält. Energie verbrauchen ist beim Abnehmen aber genauso wichtig wie Energie beim Essen einzusparen. Deswegen haben wir für dieses Buch ein spezielles Fitnessprogramm entworfen, das die sportlichen Einschränkungen von übergewichtigen Kindern und Erwachsenen berücksichtigt. Und wir haben eine gute Nachricht für alle Sportmuffel: Wer absolut kein sportliches Training mag, der kann auch abnehmen, indem er sich im Alltag ausreichend bewegt.

Das neue leichte Leben

Dieses Buch möchte allen Familien mit Gewichtsproblemen helfen, mit Motivation und Know-how aus der Übergewichtsfalle herauszukommen. Es zeigt die wichtigsten psychischen und sozialen Mechanismen, die Männer und Frauen, Kinder und Jugendliche zu oft zum Essen greifen lassen. Es möchte Mut machen, den Anfang in ein neues, zufriedeneres Leben zu wagen – mit vielen Ideen, wie

man sich selbst und die Familie zum »Besser-Essen-Weg« überlisten und schließlich davon überzeugen kann. Es gibt zahlreiche Tipps, wie man Stubenhocker hinauslocken kann, den Start in ein bewegteres Leben zu wagen. Und es bietet wieder viele neue, leckere und gesunde Rezepte zum Nachkochen und Genießen!

Appell an alle Eltern

Dieses Buch ist für Eltern geschrieben, aber auch für ältere Kinder und Jugendliche. Ab einem Alter von rund zehn Jahren können Kinder schon einen Teil Verantwortung für sich selbst übernehmen und sogar beginnen, ihre Eltern von einer gesünderen Lebensweise zu überzeugen. Die Botschaft an alle Eltern lautet: Wenn Sie Ihre Kinder lieben, helfen Sie ihnen heraus aus ihrem Speckpanzer. Denken Sie um und beginnen Sie mit Nachsicht, Liebe und Konsequenz, Ihre Kinder besser zu ernähren. Man kann Kinder an Bewegung und Sport gewöhnen – je kleiner sie sind, desto leichter. Um diese Verantwortung kommen Eltern nicht herum, und sie zu übernehmen ist für jeden machbar, der sich dazu entschließt. Viel Erfolg wünschen wir Ihnen dabei und viel Spaß mit dem »Besser-Essen-Weg«.

Nicola Sautter und Silke Kayadelen

Wissen macht schlanker

Wie und warum wir essen, ist genauso wichtig wie die Frage, was wir essen. Lernen Sie die wichtigsten Psycho-Dickmacher und sozialen Fettfallen kennen. Kommen Sie Ihren schlechten Essgewohnheiten auf die Spur. Entlarven Sie die wichtigsten Bewegungskiller in Ihrer Familie.

Was Familien wissen sollten

›› Jede Familie kann mit wenigen Basisregeln etwas gegen überflüssige Pfunde tun, ob groß oder klein, arm oder reich. Dennoch fällt es vielen schwer, abzunehmen, da sie nicht von ihren dick machenden Verhaltensmustern loskommen. Jede Familie sollte daher die psychischen und sozialen Dickmacher kennen, damit sie ihre folgenschwersten Gewohnheiten nach und nach ablegen kann. Dabei ist die eigene Trägheit oft der schlimmste Feind jedes Übergewichtigen. Wer aber weiß, warum Aktivität und Bewegung gesund, schön und glücklich machen, tut sich leichter, in Schwung zu kommen.

Als vor eineinhalb Jahren das Projekt »Besser Essen – leben leicht gemacht« begonnen hat, waren die Skeptiker zahlreich. Wie konnte man glauben, die Lebenssituation von übergewichtigen Familien ließe sich mit wenigen Besuchen verändern? Was sollte schon so ein bisschen Beratung ausrichten können, angesichts ausgefeiltester Gewichtsreduktionsprogramme von Ärzten und Wissenschaftlern, die aufwendig und teuer sind und die dennoch nicht immer zum Erfolg führen? Das Besser-Essen-Team aber war davon überzeugt, dass jede Familie besser und gesünder essen kann, wenn sie es will und wenn man ihr auf pragmatische Weise und in ihrer alltäglichen Umgebung Wege aufzeigt, wie sie es schaffen kann. Ein gutes Jahr nach den ersten Besuchen hat das Besser-Essen-Team einige Familien erneut besucht. So konnte geprüft werden, wie es ihnen heute geht und was sie tatsächlich in ihrem Leben verändert haben.

Da war zum Beispiel Familie G. im Schwarzwald, eine fünfköpfige, sehr übergewichtige Familie. Vater Jörg ist Busfahrer und schob bei dem ersten Besuch des Besser-Essen-Teams einen gewaltigen Kugelbauch vor sich her, Mutter Monika wog 145 Kilogramm. Die vierzehnjährige Tochter war ebenfalls schon adipös, wie Ärzte extremes Übergewicht nennen, und auch die beiden Jungen im Alter von acht und elf Jahren hatten starkes Übergewicht. Beide waren auffallend hyperaktiv, und der achtjährige Marvin hatte zusätzlich die Marotte, den ganzen Tag lang einen Kuschelhasen zu beschmusen. Man sah ihn nie ohne seinen Hasen. Der ältere Bruder Robin konnte trotz seiner elf Jahre noch nicht Fahrrad fahren. Und die große Schwester Yasemin hatte das typisch abfällige Pubertätsgebaren, allerdings in einer sehr ausgeprägten Form. Jörg fuhr meist früh morgens mit dem Auto zur Arbeit, saß dann den ganzen Tag in seinem Bus und verpflegte sich in Raststätten mit dem, was gut und günstig war, oft mit einer fetten Wurst in einem pappigen Brötchen. Monika war eine sehr liebevolle Mutter, hatte aber überhaupt keine Ahnung von gesunder Ernährung.

Schlechte Gewohnheiten

Als das Besser-Essen-Team zum ersten Mal in ihre Küche kam und die Vorräte inspizierte, fand es zahlreiche Fertigprodukte in den Küchenschränken und im Kühlschrank. Dosensuppen und Tütensuppen, verschiedenste Fertigpulver für Saucen und jede Menge Gewürzmischungen. Überall waren Geschmacksverstärker enthalten, was teilweise erklärte, warum die Kinder dick und hyperaktiv waren, denn der oft verwendete Geschmacksverstärker Glutamat ist ein Appetitverstärker und fördert Unruhe.

Das normale Frühstück der Kinder bestand aus süßen Cerealien mit Milch. Natürlich hatten sie in der Schule bald Hunger, denn Kohlenhydrate und insbesondere Zucker halten nicht lange vor. Den Pausenhunger stillten sie oft mit einem Mohrenkopfbrötchen. Zum Mittagessen gab es meist etwas

Viele Familien häufen sich im Supermarkt ihren Einkaufswagen übervoll mit Fertigprodukten und vermeintlich preiswerten Sonderangeboten. Doch damit sparen sie weder Geld noch Kalorien.

Deftiges, das Monika gekocht hatte. Nachdem nachmittags die Hausaufgaben erledigt waren, saßen die Kinder oft auf dem Wohnzimmersofa oder in ihrem Zimmer und aßen Chips oder Süßigkeiten. Monika hatte einen Schrank auf Kinderaugenhöhe gut damit gefüllt, an dem sich jeder bedienen konnte. Sie war der Meinung, dass die Kinder so den Umgang mit Süßigkeiten lernen würden. Wenn man sie ihnen vorenthält, so dachte sie, werden die Kinder nur noch gieriger. Leider hat diese Strategie nicht funktioniert, aber Grenzen zu setzen schaffte sie auch nicht. Wenn Marvin mit seinem Hasen und einer Tüte Chips auf dem Sofa saß und Monika ihm die Tüte wegnehmen wollte, weil er ja schon so pummelig war, bekam Marvin einen Tobsuchtsanfall. Er schrie so lange, bis die Mutter mit den Nerven am Ende war und ihm die Chips zurückgab. Das funktionierte.

Zum Abendessen gab es für jeden zwei Scheiben weißes Brot mit fetter Wurst. Davon wurden sie nicht immer satt, aber mehr sollten sie nicht essen, wegen des Gewichts. So aß die ganze Familie eine Menge ungesunder Dinge, und dennoch waren die Kinder nie richtig satt, nie wirklich zufrieden und nie gut ernährt. Dass keiner von ihnen Sport machte oder sich freiwillig bewegte, passte ins Bild.

Die Schock-Strategie

Die Strategie des Besser-Essen-Teams war zunächst recht drastisch, aber sie hat gewirkt. Das Team hat fünf Säcke mit Sand gefüllt, einen für jedes Familienmitglied, und jeweils so viel Sand hineingegeben, wie derjenige Übergewicht hatte. Jeder Sack wurde mit einem Namen und einem Bild versehen, und dann wurden die »faulen Säcke« aufs Sofa gestellt. Die Familie hat geschluckt, aber die Botschaft war klar. Der faule Sack zog sich symbolisch durch die ganze Beratung, und nach einigen Wochen durfte jeder, der abgenommen hatte, die entsprechende Menge an Sand aus dem Sack herausschaufeln.

Gleich zu Beginn hat das Besser-Essen-Team die ungesunden Nahrungsmittel aus den Vorratsschränken verbannt. Die Familie hat dazu eine Feuerwehr-Kette gebildet – bis zu den Jungen im Garten. Aus der Küche wurden alle Fertigprodukte und Nahrungsmittel, die Geschmacksverstärker enthielten, hinausbefördert, dann kamen die Süßigkeiten und die Chips an die Reihe. Alles landete auf einem Berg im Garten. Danach wurden die Schränke mit gesunden Produkten aufgefüllt. Und Monika wurde gezeigt, wie sie besser einkaufen, besser kochen und besser essen kann – mit viel frischem Obst, Gemüse und genügend mageren Eiweißprodukten.

Ein guter Anfang

Daneben brachte das Besser-Essen-Team die Familie auf Trab. Der Vater sollte einen Teil seines Arbeitswegs mit dem Fahrrad fahren. Monika bekam Nordic-Walking-Stöcke, und mit Tochter Yasemin ist das Team zum Schwimmen gegangen, was sie sich wegen ihres Übergewichts und der Hänseleien der anderen zuvor nicht getraut hatte. Sehr zu Herzen genommen hatte sie sich nämlich, was das Besser-Essen-Team ihr entgegnete: »Das Hänseln kann man nicht ändern, aber du selbst kannst etwas ändern: Du kannst abnehmen.« Mit Robin wurde Fahrradfahren geübt, zunächst nicht ganz so erfolgreich. Auch die Turnübungen mit der ganzen Familie sind nicht auf Begeisterung gestoßen, doch das war nur ein Angebot, sie mussten ja nicht alles übernehmen.

Insgesamt hat das Besser-Essen-Team bei Familie G. jedoch offene Türen eingerannt. Sie wollten wirklich etwas verändern, vor allem Monika war das sehr wichtig, und deshalb haben sie es auch geschafft. Die »faulen Säcke« haben sie am Ende des Besuchs symbolisch aus dem Fenster geworfen!

Mit Liebe und Konsequenz

Als das Besser-Essen-Team die Familie G. nach rund einem Jahr wieder besuchte, traute es seinen Augen nicht: Das Wohnzimmer der Familie war neu gestaltet, in hellen Farben. In der Küche standen viele leckere und gute Zutaten in Gläsern appetitlich auf dem Regal. Unübersehbar im Hof war Robins Fahrrad, auf dem er nun fahren gelernt hat. Als Nächstes möchte er den Fahrradführerschein machen.

Alle hatten abgenommen: die drei Kinder jeweils zwischen 4 und 7 Kilogramm, aber alle drei waren gewachsen und auch dadurch viel schlanker geworden. Die Jungen waren immer noch Rabauken, aber nicht mehr hyperaktiv. Marvin spielt jetzt Fußball, und sein Hase sitzt fein säuberlich auf seinem Bett. Yasemin hat eine andere Frisur, ist sehr viel selbstsicherer und sogar Klassensprecherin geworden. Sie ist noch nicht zufrieden mit ihrem Gewicht, aber das ist für eine Pubertierende normal.

Vater Jörgs Bauch ist merklich kleiner geworden. Er berichtete, dass er nun immer eine Dose mit geschnittenem Obst, Gemüse, Vollkornbroten und Studentenfutter mit zur Arbeit nimmt und keine fetten Würste an der Raststätte mehr braucht.

Das Erstaunlichste aber war Monika. Sie war am stärksten übergewichtig und hat in dem Jahr sage und schreibe 30 Kilogramm abgenommen! Sie ist immer noch übergewichtig, aber jetzt eine ganz andere Erscheinung. Sie hat eine neue Frisur, eine andere Haarfarbe, ist besser gekleidet und strahlt eine enorme Selbstsicherheit aus. Vor allem sie hat es geschafft, mit Liebe und mit Konsequenz, nachdem sie einmal wusste, wie es geht. Morgens isst die Familie nun Flocken mit Quark und Obst, in die Schule nehmen die Kinder ein Vollkornbrot mit Putenbrust mit und einen Apfel dazu. Sie essen es, weil es schmeckt und weil Monika ihnen keine Wahl lässt. Sie hat ihre Bande wirklich gut im Griff. Wie sie das geschafft hat, dass ihre Familie fast alles umgesetzt hat, was wir am Anfang besprochen und ausprobiert haben, das war schon wirklich stark!

Ein Dicker kommt selten allein

Deutschland hält in Europa einen traurigen Rekord: Es hat die schwersten Einwohner. Einer internationalen Studie zufolge sind wir sogar drauf und dran, die vielen übergewichtigen Amerikaner einzuholen, und das, obwohl es reichlich gesunde Nahrungsmittel in den Läden gibt und obwohl »Bio« boomt.

Während die einen sich immer gesünder ernähren und immer mehr auf ihre Fitness achten, sind die anderen Opfer der Vermarktungsstrategien der Nahrungsmittelindustrie geworden. Es geht heute ja alles so einfach und ist so bequem: Snacks to go an jeder Ecke, Fertiggerichte gut und billig in jedem Supermarkt. Wer nicht will, muss nicht mehr selbst kochen. Wer nicht will, muss auch nichts mehr draußen unternehmen. Das Fernsehen bringt die Welt nach Hause, jedenfalls einen Teil davon. Und derjenige, den die wirkliche Welt nicht interessiert, erfindet sich im Internet eine eigene.

So hängt eine zunehmende Masse vor Bildschirmen herum und stopft Pizzas und Chips in sich hinein, während sich auf den Hüften Fettring auf Fettring ansammelt. In den letzten 20 Jahren hat sich der Anteil der Übergewichtigen in Deutschland um die Hälfte erhöht. Trägheit steckt ganz offensichtlich an und so kommt ein Dicker selten allein. Übergewicht ist mittlerweile zum Familienproblem geworden, die Leidtragenden sind die Kinder. Viele werden wegen ihres Gewichts gehänselt, können schlechter mithalten und haben weniger Freunde. Manche Kinder vereinsamen zusehends und werden zu traurigen kleinen Helden, die sich nicht mehr hinaustrauen und deren Selbstbewusstsein immer schwächer und schwächer wird.

Je älter, desto dicker

Nachdem schon seit Jahren nicht mehr zu übersehen war, wie viele dicke Kinder es mittlerweile gibt, hat das Berliner Robert Koch-Institut dazu repräsentative Zahlen für Deutschland vorgelegt:

Schlechte Essgewohnheiten sind ansteckend. Wer mollige Freunde hat, wird auch selbst eher dick.

15 Prozent der Kinder und Jugendlichen zwischen 3 und 17 Jahren sind übergewichtig, das sind insgesamt fast zwei Millionen. Je älter die Kinder werden, desto gravierender ist das Problem: Während bei den Kindergartenkindern 9 Prozent zu viel wiegen, sind es bei den Teenies – ob Jungen oder Mädchen – schon 17 Prozent.

Die Studie hat auch bestätigt, was man bei genauerem Hinsehen schon im Alltag beobachten könnte: Kinder aus ärmeren Familien und Migrantenkinder sind häufiger dick als Kinder aus gut situierten Familien. Doch Übergewicht kommt auch in den sogenannten besten Familien vor, es ist also nicht allein eine Frage von Geld und Bildung. Die Ursachen dafür, dass sich immer mehr Familien ungesund ernähren, sind vielfältig.

Die Nahrungsflut

Zum einen hat sich das Nahrungsangebot in den vergangenen Jahrzehnten stark gewandelt. Immer weniger Lebensmittel stammen direkt aus der Landwirtschaft, immer mehr nehmen den Umweg über die Verarbeitungsindustrie und werden so weit verändert, dass vom ursprünglichen Produkt nicht mehr viel übrig ist. Das Angebot an Fertig- und Halbfertigprodukten nimmt stetig zu, gleichzeitig werden die Zutatenlisten immer länger. Zusatzstoffe, Geschmacksverstärker und ein wenig Zucker da oder dort spiegeln unseren Geschmacksknospen Aromen vor, dass der Sinn für den ursprünglichen Geschmack bei vielen nach und nach verloren geht. Kartoffelbrei ist für sie nur noch aus der Tüte »richtiger« Kartoffelbrei, und bei einer Pizza aus selbst gemachtem Hefeteig und mit frischen Zutaten fehlt ihnen der »typische« Fertigpizza-Geschmack.

In den Einkaufszentren und den Innenstädten reiht sich ein Snack-Angebot an das andere: Burgerbrater hier, Dönerbuden dort, dazwischen locken eine Schnellbäckerei und ein Stand mit Würstchen oder Pizzastücken – jederzeit bereit, den Appetit der Laufkundschaft auf schnelle und kalorienreiche Weise zu befriedigen.

Jeder für sich

Zum anderen haben sich bei uns in den letzten Jahrzehnten die Familienstrukturen stark verändert. Die Gesellschaft vereinzelt zusehends, in immer mehr Haushalten leben immer weniger Menschen. Singles sind der Ansicht, für sich alleine zu kochen würde sich nicht lohnen. Berufstätige Eltern finden nicht mehr die Zeit, täglich eine Familienmahlzeit aus frischen Zutaten zu bereiten. Omas sind oft selbst noch berufstätig oder leben in einer anderen Stadt. Kinder essen mittags im Kindergarten, im Hort oder in der Mittagsbetreuung. Oft wird das Mittagessen hier aus Kostengründen bei einem preiswerten Lieferservice bestellt.

Die Ernährungs-Schere

Gleichzeitig hat sich die Kochkultur dramatisch gewandelt. Während immer mehr Kochshows im Fernsehen die exotischsten und ausgefeiltesten Gerichte präsentieren, während sich eine Koch-Elite in Deutschland zu Hause mit kreativen Rezepten aus aller Welt verkünstelt, nimmt das Küchen-Knowhow der Durchschnittsfamilie beständig ab. Immer weniger Erwachsene sind noch in der Lage, eine Gemüsesuppe oder Omeletts selbst herzustellen. Ein Braten gehört schon zur hohen Kunst der Hausküche. Nudelsaucen kommen meistens aus dem Glas – vom Discounter oder aus dem Biomarkt –, und Fisch wandert zumindest fertig paniert aus der Tiefkühltruhe in die Pfanne. In manchen Familien ist selbst die Fähigkeit, Nudeln zu kochen, verloren gegangen. Rühreier – früher die letzte Rettung einer warmen Mahlzeit in Studentenbuden – gelingen vielen schon gar nicht mehr. Der Verlust der Kochkultur ist mancherorts schon so weit vorangeschritten, dass kein Herd mehr in der Küche steht, sondern nur noch eine Mikrowelle.

Eltern contra Werbung

Da sie weder die Zeit noch das Geld und auch nicht mehr das Wissen haben, für sich und ihre Familien gesunde und gut schmeckende Mahlzeiten zuzubereiten, sind immer mehr Menschen den Verlockungen der Werbung und der Nahrungsmittelindustrie ausgeliefert. Angeblich gesunde Zusätze in völlig ungesunden Nahrungsmitteln übertönen dabei das schlechte Gewissen, das sich normalerweise beim Verzehr von Zucker- und Fettbomben einstellen würde. Schon die Kleinsten sind der Fernsehwerbung mit angeblich gesunden Bonbons ausgesetzt. Kein Wunder, wenn sie beim Einkaufen im Supermarkt an der Kasse zu schreien beginnen, wenn Mutter oder Vater ihnen die Süßigkeit aus dem Fernsehen verweigern.

Es wird deshalb für Familien immer schwieriger, diesem allgegenwärtigen Überangebot zu widerstehen. Sie brauchen viel Energie und Durchhaltewillen, um der übermächtigen Nahrungswerbung Tag für Tag gesunde und vernünftige Kost entgegenzusetzen. Da Eltern das oft nicht durchhalten, sind viele Kinder immer schlechter ernährt.

Kleine Bewegungsmuffel

Dazu kommt, dass sich Kinder weniger bewegen als noch vor ein bis zwei Generationen. Immer weniger Kinder gehen zu Fuß zur Schule, sondern fahren mit dem Bus oder gleich mit den Eltern im Auto. Nachmittags finden sie in den verdichteten Städten oft nicht genügend Platz, um draußen zu spielen. Vielen erscheint die Welt des Fernsehens und der elektronischen Medien zudem aufregender. In den Kinderzimmern sammeln sich daher immer mehr elektronische Spielgeräte, zu deren Bedienung man kaum mehr als die Finger bewegen muss.

Angesichts all dieser Fallen erscheint es fast verwunderlich, dass immerhin noch 85 Prozent der Kinder kein Übergewicht haben, sondern durchaus fit sind. Die gesunde Mehrheit zeigt aber auch, dass Schlanksein gar nicht so schwer sein kann und dass Familien nicht kapitulieren müssen vor der Nahrungs- und Unterhaltungsflut, sondern dem etwas Besseres entgegensetzen können.

Erfolgsrezepte

Ein wenig Wissen über gesunde Ernährung und ein wenig kritisches Bewusstsein reichen im Normalfall aus, um nicht in die Fett- und Zuckerfallen zu tappen, sondern sich über gesunde und glückliche Kinder freuen zu können, wie sie die Tütensuppen-Werbung ja auch gerne zeigt.

Im ersten Band von »Besser Essen – leben leicht gemacht« haben wir uns besonders mit dem Nahrungsüberangebot, mit dem richtigen Einkaufen und mit den Nährstoffen, die eine gesunde Ernährung ausmachen, zusammengesetzt (siehe auch Seite 16 in diesem Buch). Wir haben die Tricks der Lebensmittelindustrie aufgezeigt und viele Tipps gegeben, wie man die dicksten Fettquellen und Zuckerfallen umgehen kann. Wir haben gezeigt, wie ein guter Ernährungstag aussieht, was man immer im Haus haben sollte und was nicht, und wie man schnell und einfach eine preiswerte, aber gesunde Familienmahlzeit zubereiten kann.

Unsere wichtigste Botschaft aber war und ist: Familien mit Gewichtsproblemen können etwas an ihrer Situation ändern, und zwar ohne Selbstkasteiung, ohne Hungern und ohne Verbote. Dicksein ist keine Einbahnstraße, schon gar nicht für Kinder, denn sie wachsen noch und müssen ihr Gewicht nur halten, um schlanker zu werden.

Doch Wissen ist das eine und Handeln das andere: Raucher wissen, dass sie sich langfristig schaden, und rauchen dennoch. Paare wissen, dass Streit nur zu noch mehr Streit führt, und zanken dennoch. Und manche Übergewichtige wissen, was zu tun ist, und lassen es dennoch sein. Deswegen geht es in diesem zweiten Band um die mächtigen Gewohnheiten, die Eltern, Kinder und Jugendliche dick werden lassen. Es ist möglich, sie durch anderes Verhalten und neue Rituale zu ersetzen, die tatsächlich schlanker machen. Ein ganz wesentlicher Bestandteil dessen ist Bewegung und ein allgemein aktives Leben. Hierfür geben wir in diesem Band viele Tipps und haben auch ein spezielles Bewegungsprogramm für Dicke entwickelt.

besser essen-Tipp — Der Familienpakt

Die Familie ist ein starkes Team. Wenn alle gemeinsam beschließen, den »Besser-Essen-Weg« zu gehen, ist es für jeden Einzelnen leichter. Vor allem der Vater sollte mitziehen und auch die Oma, wenn sie bei der Ernährung der Familie eine Rolle spielt. Besprechen Sie die neuen Regeln gemeinsam, vor allem am Anfang. Die Messlatte sollte dabei nicht zu hoch gehängt werden. Es genügt, wenn die Kinder ihr Gewicht halten und die Erwachsenen 1 bis 2 Kilo pro Monat abnehmen. Erfolge werden gelobt und Ausrutscher gnädig übersehen! Demotivierende Kommentare sind selbstverständlich verboten!

NÄHRSTOFFE

Das gehört auf den Teller

Eine gesunde Ernährung macht von alleine schlank. Wer all die guten und wichtigen Nährstoffe in ausreichenden Mengen zu sich nimmt, wird satt und nicht dick, weil er nach einiger Eingewöhnung nicht mehr das Bedürfnis nach ständiger Völlerei haben wird. Wer wertvolle und nachhaltig sättigende Lebensmittel in ausreichenden Mengen isst, befriedigt die Nährstoffbedürfnisse seines Körpers, ohne verzichten zu müssen. Die Lust auf ungesunde, dick machende Nahrung nimmt dann automatisch ab. Die tägliche gesunde Familienernährung sollte deshalb etwa so zusammengestellt sein:

Viel Obst und Gemüse

Ohne Einschränkungen und in beliebigen Mengen zu sich nehmen darf und sollte man: Obst, Gemüse, Salat und frische Kräuter, außerdem Wasser und ungesüßten Kräuter- oder Früchtetee. Von diesen Dingen kann man schwerlich zu viel verzehren, weil der Magen vorher »Stopp« sagt. In allen natürlichen pflanzlichen Lebensmitteln sind Hunderte von sehr gesunden Substanzen enthalten: Ballaststoffe, die keine Kalorien haben, aber den Magen füllen und den Darm auf Trab halten; Vitamine und Mineralstoffe in den verschiedensten Kombinationen, die dem Körper bei all seinen lebenswichtigen Aufgaben helfen; sekundäre Pflanzenstoffe und Spurenelemente, die vor Krankheiten schützen. Die Energiezufuhr hält sich dagegen in Grenzen. Deswegen sollte der Löwenanteil der täglichen Nahrung aus diesen Nahrungsmitteln bestehen und deswegen sollte als Snack oder Zwischenmahlzeit tagsüber immer eine Schale Obst oder Rohkost bereitstehen. Unbedingt wichtig ist eine ausreichende Flüssigkeitszufuhr, zu jeder Mahlzeit und auch dazwischen. Stellen Sie daher mittags einen Krug Wasser oder Tee (auch kalten Tee) bereit, sodass vor allem die Kinder am Nachmittag immer wieder daran erinnert werden, zwischendurch einen Schluck zu trinken. Wenn Sie Gemüse (und auch andere Mahlzeiten) in der Pfanne zubereiten, sollten Sie immer Pflanzenöl anstelle von festen Fetten verwenden. Öle enthalten mehr ungesättigte Fettsäuren, wie zum Beispiel die Omega-3-Fettsäuren, die für gute Blutfettwerte sorgen. Am gesündesten sind Rapsöl, Sojaöl und Olivenöl.

Ausreichend Eiweiß

An zweiter Stelle der täglichen Lebensmittelmengen stehen Eiweißlieferanten. Dazu gehören Fleisch (möglichst fettarm), magerer Schinken und Fisch sowie Milch und ungesüßte Milchprodukte wie Joghurt, Quark und Käse. Viel Eiweiß enthalten auch Eier, Nüsse und – was oft vernachlässigt wird – Hülsenfrüchte wie Bohnen oder Linsen. Die darin enthaltenen Proteine machen satt, halten lange vor und liefern zudem nicht zu viel Energie. Kinder brauchen sie für das Wachstum, und ganz nebenbei steckt zum Beispiel in Milch und Milchprodukten viel Kalzium, das der Körper für gesunde Knochen benötigt. Darüber hinaus bestehen eiweißreiche Nahrungsmittel aus wertvollen essenziellen Aminosäuren, die für den Körper wichtig sind, die er aber nicht selbst herstellen kann, sowie viele Vitamine der B-Gruppe.

Volles Korn!

An dritter Stelle stehen Kohlenhydratlieferanten wie Brot, Nudeln und Reis. Sie sollten möglichst aus Vollkorn bestehen, also nicht aus weißem hochgereinigtem Mehl. Vollkornmehl macht länger satt, weil darin noch die Ballaststoffe der Körnerhülle stecken, die beim weißen Mehl entfernt worden sind. Vollkornprodukte beinhalten zudem eine große Zahl an zusätzlichen gesunden Stoffen wie Vitamine und Mineralstoffe. Dies gilt für alle Getreidesorten, auch für Reis. Vollkornbrot ist nicht zu verwechseln mit dunklem Brot, denn dieses kann auch aus Weißmehl plus Malzsirup bestehen. Es muss kein »Körnerbrot« sein, denn gemahlenes Vollkorn ist ebenso gesund wie grob geschrotetes oder ganze Körner.

Weniger Weißmehl und Zucker

Weißmehlprodukte hingegen sollte man möglichst meiden. Die darin enthaltene einfache Stärke hat wie auch alle Zuckersorten einen hohen »glykämischen Index«. Dieser Index besagt, wie stark beim Verzehr der Blutzuckerspiegel ansteigt. Bei einem rasanten Anstieg nach einem weißen Brötchen oder einem süßen Teilchen kommt es zur gefürchteten Blutzucker-Insulin-Schaukel, die am Ende mehr Hunger macht als stillt. Das Blutzuckerhormon steigt rasch an und fällt nach kurzer Zeit ebenso rasch wieder ab, was zu noch mehr Hunger führt. Wer sein Gewicht reduzieren möchte und nicht ständig hungrig sein will, der sollte vor allem Süßes und Weißmehlgebäck meiden, also Süßigkeiten, süße Teilchen vom Bäcker (wenn sie nicht aus Vollkornmehl gebacken wurden), Kuchen, aber auch Weißbrot.

Wurst und Fertigprodukte meiden

Nur selten verzehren sollte man außerdem fette Wurst und alle festen Fette wie Butter, Schmalz, Bratfett und Margarine, die einen sehr hohen Energiegehalt haben, aber im Gegensatz zu Ölen kaum gesunde Inhaltsstoffe. Schließlich gibt es einige Lebensmittel, die man nur in Ausnahmefällen zu sich nehmen sollte, höchstens eines davon pro Tag. Zum einen enthalten sie unsinnige Kalorien, haben einen extrem hohen glykämischen Index und machen hungrig. Zum anderen sind sie zu stark verarbeitet und beinhalten Geschmacksverstärker. Dazu gehören: alle süßen Limonaden und Softgetränke; alles Fettgebackene, Frittierte und Panierte; gesüßte Joghurts und Milchprodukte (auch fettarme!), gesüßte Getreideflocken und Cerealien, alle fetten salzigen Knabbersachen wie Chips und Ähnliches sowie alle Fertigprodukte wie Tiefkühlpizzen, Dosengerichte, Tütensuppen, Tütensaucen und auch Fertigsalate.

Satt durch den Tag

Die Tagesverteilung der Mahlzeiten sollte ein reichhaltiges Frühstück vorsehen, für Kinder ein Schulbrot, ein leichtes Mittagessen, nachmittags eventuell einen Rohkost-Snack und abends ein leichtes Abendessen. Damit der Magen vor dem Schlafengehen noch Zeit hat zu verdauen und nicht im Schlaf aktiv ist, sollte das Abendessen mindestens zwei Stunden zuvor verzehrt sein – auch von den kleinen Kindern, die früh zu Bett gehen.

Die ideale Mahlzeit sollte viel Gemüse oder auch Salat beinhalten, dazu eine Portion mageres Fleisch, Geflügel oder Fisch als Eiweißquelle und eine kleine Beilage als Kohlenhydratlieferant. Nudeln aus Vollkornmehl und Vollkornreis sind gesünder und machen länger satt.

Viele Menschen, die ihre Gewohnheiten ändern möchten, schaffen das aber nicht alleine, sondern brauchen einen Coach. Das haben wir beide als Berater, Therapeuten und Trainer vielfach gerade auch in den Familien, die wir für »Besser Essen – leben leicht gemacht« besucht haben, erlebt. Ein wesentlicher Bestandteil unserer Arbeit besteht neben der eigentlichen Ernährungsberatung deshalb darin, Alternativen aufzuzeigen, die Familien auch umsetzen können, wenn unser Job getan ist und sie wieder alleine sind. Daneben schlagen wir viele neue Rezepte vor, die leicht und schnell nachzukochen und zudem preiswert sind. Und die ganz Eiligen unter Ihnen finden in diesem Band zehn Rezepte, die besonders schnell gehen und für die man nur vier Zutaten zu kaufen braucht.

Kinderernährung ist Familienernährung

Tatsächlich sind Kinder nicht selbst schuld an ihrem Übergewicht. Eltern machen ihre Kinder dick oder sie lassen sie dick werden: Eltern, die zu wenig oder zu viel des Guten tun; Eltern, die nicht Nein sagen können, und Eltern, denen es egal ist, was ihre Kinder essen; Eltern, die ihren Kindern keine Grenzen setzen oder die so sehr mit sich selbst beschäftigt sind, dass sie ihr Kind in seinem Zimmer vor dem Fernseher emotional verhungern lassen, wo es seinen Hunger mit Chips und Süßigkeiten zu stillen versucht. Das klingt hart, doch so haben wir es tatsächlich in einigen Familien vorgefunden. Aber auch ihnen haben wir weiterhelfen können.

Dazu gehört zunächst eine manchmal schmerzliche Einsicht: Es sind die Eltern, die hier Verantwortung übernehmen und Vorbilder sein müssen. Das gilt umso mehr, je kleiner die Kinder sind. Viele Eltern haben wir klagen hören: »Ich versuche ja alles, doch das Kind hört nicht auf mich und wird immer dicker!« Sie machen es sich ein wenig zu leicht. Denn man kann nicht erwarten, dass ein Kind auf Leckereien verzichtet, wenn der Vater vor dem Fernseher sitzt und Schokolade isst.

Schlecken macht Spaß, und so soll es bleiben. Es kommt nur darauf an, was im Schüsselchen ist.

Über die Rolle der Eltern wurde an der Universität Basel eine Studie mit Familien durchgeführt, in denen Kinder abnehmen sollten. In der einen Gruppe wurden nur die Eltern darauf trainiert, wie sie ihren Kindern beim Schlankerwerden helfen können. In der anderen Gruppe erhielten auch die Kinder eine Therapie. In beiden Gruppen nahmen alle Kinder ab, aber langfristig zeigte sich ein verblüffendes Ergebnis: In jener Gruppe, in der nur die Eltern trainiert worden waren, verloren die Kinder nach Ende der Therapie weiter an Gewicht. In der anderen nicht. Das zeigt, dass Kinder, deren Eltern die Zügel in die Hand nehmen, langfristig die besseren Chancen auf ein altersgerechtes Gewicht haben.

Es sind also die Eltern, die das gemeinsame Projekt »schlanke Familie« konsequent angehen müssen, wenn sie ihren Kindern helfen wollen. Was und wie die Familie isst, ob sie Sport treibt, wie lange der

Fernseher läuft und ob es gemeinsame Spiele gibt, das liegt zu einem Großteil in den Händen der Eltern. Manche sind sich dessen nicht bewusst und überlassen zu viele Entscheidungen den Kindern. Damit sind diese aber überfordert, umso mehr, je kleiner sie sind. Bei einem übergewichtigen Kind darf man sich nicht darauf verlassen, dass es schon weiß, wann es satt ist. Es muss erst langsam wieder lernen, wie sich ein Sättigungsgefühl überhaupt anfühlt. Wenn ein Kind eine halbe Stunde nach der Mahlzeit ankommt und etwas zu essen wünscht, kann es nicht hungrig sein. Eltern müssen dann auch aushalten, sich kurzfristig unbeliebt zu machen. Das lässt sich in der Erziehung nicht vermeiden, wenn man seine Kinder ernst nimmt. Der Lohn dafür kommt erst später, aber ziemlich sicher.

Die große Freiheit

»Mama, ich hab gerade Markus getroffen, ich geh noch mit zu ihm«, meldet Paul eines Samstagnachmittags. Er kommt vom Fußballplatz, wirft seine Tasche in die Ecke und wendet sich der Haustür zu. »Moment«, bremst seine Mutter, »um sieben gibt es Abendessen.« Doch Paul ist schon aus der Tür und ruft: »Ich esse bei Markus, um acht bin ich zu Hause.« Schon sind sie weg, die beiden. Pauls Mutter schüttelt den Kopf und schaut ihnen hinterher, ihrem schlaksigen Sohn und dem neuen Freund, der mit zwölf Jahren schon ziemlich in die Breite gegangen ist. Normalerweise würde Paul mit seinem Fahrrad fahren, aber Markus hat keines, und so ziehen sie zu Fuß zur Bushaltestelle. Markus hat nämlich die neue Playstation und die aktuellsten Ballerspiele, die will sich Paul nicht entgehen lassen.

Bei Markus ist keiner zu Hause. Das findet Paul prima, so haben sie ihre Ruhe. Gegen 18 Uhr kommt Markus' ältere Schwester. Sie steckt den Kopf durch die Tür: »Ich mach mir 'ne Pizza, wollt ihr auch was?« »Nee, danke«, antwortet Markus abwesend. Er hat gerade den nächsten virtuellen Gegner im Visier. Seit fast zwei Stunden sitzen sie da, und Paul hat eigentlich schon genug geballert. Sein Magen meldet sich. Von der Chipstüte, in die Markus ständig hineingreift, will er nichts haben. Er hatte davon probiert, doch diese Sorte schmeckt ihm nicht. Schließlich wird ja wohl bald Markus' Mutter kommen und etwas kochen oder das Abendbrot richten. Es wird halb sieben und nichts geschieht. »Markus?« »Hmh.« »Wann kommt denn deine Mutter?« »Keine Ahnung. Oh Mann! Jetzt hab ich ihn verpasst! Wollen wir uns was zu essen machen?« Das findet Paul spannend. Keine Eltern da, und Markus darf machen, was er will. Sie gehen zur Tiefkühltruhe und begutachten den Inhalt. Pommes? Nee, dauert zu lange. Pizza? Ach nee, hatte ich gestern erst. Also gut, dann die Cannelloni in die Mikrowelle. Sie häufen sich jeder die Hälfte auf den Teller und verschwinden wieder in Markus' Zimmer. Es schmeckt total pampig, findet Paul. Markus sitzt schon wieder vor dem Computer: »Komm, machen wir das nächste Spiel!« Paul legt die Gabel aus der Hand. »Du, mir fällt gerade ein, ich muss dringend nach Hause.« Es ist 19 Uhr. Wenn er sich beeilt, bekommt er noch etwas vom Abendessen.

Im Garten gibt es viel zu entdecken. Kleine Gemüsediebe dürfen ihre Beute komplett vernaschen.

Die sozialen Dickmacher

Wohl jeder weiß inzwischen, dass zu viel Fett, zu viel Süßes und zu viele Kalorien dick machen. Eigentlich könnte Abnehmen also ganz einfach sein. Man muss nur die Kalorienzufuhr reduzieren, mehr Energie verbrennen, als zu sich zu nehmen, und schon klappt es. Doch genauso eine Binsenweisheit ist: Es klappt eben so meistens nicht. Denn der Mensch ist keine Maschine, die allein durch Vernunft zu steuern wäre, das hat jeder Übergewichtige, der jemals abnehmen wollte, schon leidvoll erfahren. Gefühle steuern das Verhalten weit mehr als der Verstand, ihre Macht über rationale Einsichten ist gewaltig.

In den letzten Jahrhunderten unserer Kulturgeschichte hat Nahrung zudem eine weit größere Bedeutung gewonnen und ist weit mehr als nur ein lebenserhaltender Energiespender: Essen hat eine zunehmend soziale Bedeutung erlangt. Wie viel und was ein Mensch isst, hat ganz entscheidend mit Kultur, mit Traditionen und mit den sozialen Bedingungen zu tun, in denen er lebt.

Zusammen frühstücken macht Sonntagslaune. Mit frischem Saft, Eiern oder Tomaten wird es gesund.

Es gibt daher genauso starke psychische und soziale Dickmacher, wie es Dickmacher in der Nahrung gibt. Kein Wunder also, dass es so schwer ist, alleine abzunehmen. Essen hat immer auch mit Gemeinschaft zu tun, und deren Gewohnheiten zu ändern schafft ein Einzelner kaum. Eine Familie jedoch ist eine kleine und starke Gemeinschaft, der neue Verhaltensweisen sehr wohl gelingen können, wenn alle an einem Strang ziehen. In welche Richtung man dabei ziehen muss, hängt davon ab, welche sozialen Dickmacher sich in der Familie eingenistet haben: Sind eher überkommene Traditionen das Problem oder eher das Gegenteil, nämlich zu viele Auswüchse angeblich moderner Ernährung? Kommt die Familie nicht mehr am Familientisch, sondern nur noch vor dem Fernseher oder als Wohngemeinschaft zusammen? Oder verwöhnen die Eltern ihre Kinder zu sehr mit den falschen Wohltaten?

Gut und reichlich

Vor allem in traditionellen Lebensgemeinschaften und auf dem Land halten sich die »Traditions-Dickmacher« hartnäckig. Sie stammen meist noch aus der Nachkriegszeit, in der Hunger ein Hauptproblem war und in der es vor allem darauf ankam, leere Mägen zu füllen. Nahrung war damals so kostbar, dass Kinder dafür bestraft wurden, wenn sie Essen wegwarfen oder ihren Teller nicht leer aßen. Solche Wertevorstellungen prägten eine ganze Generation von Kindern, die die Regeln aus der Mangelzeit später an ihre eigenen Kinder weitergaben. So gibt es immer noch Familien, bei denen zur Mahlzeit in bester Absicht Kinderteller vollgehäuft werden, die anschließend bitte leer gegessen werden sollen. Immer noch drohen Großmütter mit schlechtem Wetter, an dem derjenige schuld sein soll, der nicht aufgegessen hat. Eine solche Erziehung geht heute angesichts des allgegenwärtigen Überangebots an Nahrung jedoch genau in die falsche Richtung. In »Traditions-Dickmacher-Familien« wird meistens sehr gut, aber sehr üppig gekocht, mit viel fettem

Fleisch, fetthaltigen Saucen und dicken Knödeln. Salat und Gemüse spielen bei ihnen meistens nur eine Statistenrolle auf dem Teller, sofern sie überhaupt vorkommen. Zu Hause wie in Wirtshäusern sind die Portionen groß, und kleinen Jungen wird beigebracht, dass es männlich ist, die Riesenportionen mit Appetit zu verschlingen. Auf Vereinsfesten gibt es Bratwürste und Fettgebackenes, das von den erwachsenen Männern mit viel Bier hinuntergespült wird. Ihre dicken Bäuche tragen sie mit Stolz vor sich her und klopfen jedem Jungen anerkennend auf die Schulter, der es ihnen gleichtun möchte. Zu Hause gehört zum Sonntag ein üppiger Kuchen, der bis zum Abend aufzuessen ist, um die Hausfrau nicht zu beleidigen. Im Fernsehen sieht man gerne Rekord-Ess-Versuche, in denen unglaublich dicke Männer unglaubliche Mengen an Essen in sich hineinstopfen und dafür beklatscht werden, wenn sie die Menge bezwingen, ohne sich erbrechen zu müssen. Familienfeste bestehen fast ausschließlich aus Essen, und in den Küchen werden Kochschlachten geschlagen, die viele glücklich, aber auch dick machen. Am Ende ist immer eine Menge übrig, die an die Festgäste verteilt wird. Meist reicht es danach noch für mehrere Tage.

Wer in solchen Lebensumständen groß wird, aber mit dem Essen eher wählerisch ist und die erwarteten Mengen nicht vertilgt, wird schnell zum Außenseiter. Das Verhalten solcher Kinder wird oft problematisiert, anstatt sie darin zu bestärken und sie so essen zu lassen, wie sie möchten.

Das gehört dazu

Auch eine städtische Variante des »Traditions- und Gewohnheits-Essers« gibt es: Im Kino isst man Popcorn und vor dem Fernseher Chips, nur weil es so üblich ist. Wenn es gemütlich wird, gehört Essen immer dazu. Einen sommerlichen Grillabend ohne fette Würstchen können sich viele nicht vorstellen, auch nicht ein Kindergartenfest ohne Süßigkeiten, oder einen Geburtstag ohne Torte. Beim Kindergeburtstag werden Spiele gespielt, und der Gewinner erhält Süßigkeiten. Die Oma kommt zu Besuch und bringt für die Kinder etwas mit – meist Süßigkeiten. Im Schwimmbad isst man Eis und beim Italiener Pizza, auf dem Jahrmarkt eine Wurst und hinterher Zuckerwatte. All das sind dick machende Gewohnheiten, jedoch keine Naturgesetze!

Die Mäckie-Freunde

Besser verdienende Erwachsene haben es vorgemacht, Jugendliche machen es nach: Man verabredet sich zum Essen. Das Restaurant ist sozialer Treffpunkt, man kommt dort zusammen, um Neuigkeiten auszutauschen. Da Jugendliche aber selten so viel Geld haben, um die einschlägigen Edelitaliener oder andere gute Restaurants zu besuchen, und weil sich dort außerdem die Erwachsenen aufhalten, treffen sie sich in den überall gleichen Häusern der sogenannten Systemgastronomie, meistens bei einem der Burgerbrater. In fast allen Städten sammeln sich dort von der Mittagszeit bis in den Abend hinein Kinder, Jugendliche und

besser essen-Tipp | Preisliste für Sünden

Kleine Sünden sind erlaubt, größere sollten abgearbeitet werden. Legen Sie sich dazu eine »Sünden-Preisliste« an. Schreiben Sie sich eine Liste mit Ihren häufigsten Verführern und deren Kalorien (nach Packungsangaben) und daneben die Zeit, die Sie sich bewegen müssen, um die Energie wieder loszuwerden: Ein 70 Kilo schwerer Erwachsener verbraucht pro Viertelstunde rund 200 Kilokalorien beim Joggen, rund 140 beim Radfahren und rund 50 beim Putzen. Im Internet gibt es Tabellen, die auch das Gewicht einberechnen (z. B. www.focus.de/gesundheit/ratgeber/herz/test/sport).

Ein Mohrenkopf darf schon mal sein. Aber mehrere plus Kekse plus Gummischlange sind des Guten zu viel.

junge Erwachsene. Sie essen dort schnell zwei bis drei Cheeseburger, plus Pommes frites, plus Cola, manchmal nur so zwischendurch und gar nicht als Mahlzeit. Vielen jungen Leuten, die öfter dort anzutreffen sind, sieht man das auch deutlich an. Zwar versucht die Branche seit einiger Zeit, den schlechten Ruf als dick und krank machenden Verführer loszuwerden: Werbekampagnen preisen die »ausgewogene Ernährung« für Kunden mit »aktivem Lebensstil«. Um gesundheitsbewusste Gäste anzulocken, wurden in das Angebot frische Salate und hochwertigere Geflügelgerichte aufgenommen. So soll auch die Hemmschwelle für Mütter, die einen Familienbesuch im Schnellrestaurant ansonsten ablehnen würden, gesenkt werden. Ist die Familie aber erst einmal beim Burgerbrater versammelt, wollen die Kinder eben doch keinen Salat, sondern das Kindermenü mit Burger und Pommes. Die Verkaufszahlen der gesunden Gerichte zeigen, dass das Angebot reine Imagepflege ist. Salat wird kaum verlangt, stattdessen bestellen viele lieber einen extra Streifen Bacon. Mineralwasser gibt es zwar auch im Angebot, doch kaum einer kauft es. Die Verkaufszahlen der Softdrinks schlagen es um Längen.

Dicke Freunde aber machen selbst dick, ist das Ergebnis amerikanischer Langzeitstudien. Wer pummelige Freunde hat, geht ein um 60 Prozent erhöhtes Risiko ein, ebenfalls Speck anzusetzen. Offenbar sind auch Essgewohnheiten ansteckend, im schlechten wie im guten Sinn.

Geschmackstäuscher aus der Tüte

Je weniger in Familien gekocht wird, desto ungesünder ist im Allgemeinen das Essen, denn die Alternative zur frisch zubereiteten warmen Mahlzeit ist selten Rohkost oder eine leichte Brotzeit. Stattdessen werden mehr und mehr Fertiggerichte gekauft, die dann ersatzweise verzehrt werden: Pizzas aus den Tiefkühlregalen, Nudelgerichte aus der Packung für die Mikrowelle, panierte Geflügel- oder Fischteile für die Pfanne oder Dosensuppen. Jedes Kind ab zehn Jahren kann sich das selbst zubereiten und muss es manchmal auch, wenn es von der Schule kommt und die Eltern noch arbeiten.

Doch manche Familien nutzen das immer größere Sortiment der Fertig- und Halbfertiggerichte nicht nur als Notlösung, sondern greifen aus Bequemlichkeit auch dann darauf zurück, wenn sie kochen könnten. Solche Nachlässigkeit hat zwei gravierende Folgen: Die Ernährung verschlechtert sich, und die regelmäßigen Familienmahlzeiten finden nicht mehr statt.

Die Inhaltsstoffe in Fertiggerichten entsprechen in aller Regel strengen Lebensmittelvorschriften. Doch die besagen nur, dass die Zutaten einwandfrei und unbedenklich sein müssen. Abgesehen davon, dass eine Reihe von Gammelfleisch-Skandalen das Vertrauen in die Fleischfüllungen von Ravioli oder Tortellini nicht gerade gestärkt hat, enthalten Fertiggerichte immer ein Sammelsurium an Zutaten, deren Sinn sich dem Verbraucher nicht immer erschließt. Warum ist fast in jeder Tütensuppe Zucker und was macht der Geschmacksverstärker Glutamat in der Nudelsauce? Hersteller machen es sich hier zunutze, dass sich die Geschmacksnerven vieler Menschen allzu leicht täuschen lassen. Saucen verkaufen sich mit Zucker und Zusatzstoffen einfach besser als ohne, also mischt man sie gerne hinein, sofern sie nicht verboten sind. Und wer wollte schon Zucker verbieten?

So schmeckt alles immer ähnlicher, und der Geschmack für die ursprünglichen, frischen Zutaten einer Tomatensuppe geht nach und nach verloren. Maltodextrine ersetzen Mehl als Dickungsmittel, und statt Gewürzen findet man »naturidentische« Aromastoffe. Die gesunden Inhaltsstoffe bleiben dabei immer auf der Strecke – ob bei Suppen, Pizzabelägen, Salat- oder Nudelsaucen.

Individual-Mampf statt Familienküche

Da viele Fertiggerichte für Singles portioniert sind, geht außerdem die Notwendigkeit verloren, gemeinsam zu essen. Wenn eine Mahlzeit nicht zu einem bestimmten Zeitpunkt auf den Tisch kommt, sondern ständig verfügbar ist, verführt das zum Essen nach Bedarf. Jeder kann sich dann eine Tiefkühlpizza in den Ofen schieben, wenn er Hunger verspürt. Mehr noch, die Mahlzeiten müssen sogar nacheinander zubereitet werden, denn die üblichen Haushaltsbacköfen schaffen es in der Regel nicht, vier runde Pizzen gleichzeitig zu backen. Und die aus dem Ofen oder der Mikrowelle stammende Mahlzeit braucht dann auch nicht mehr auf dem Familienesstisch serviert zu werden. Ob Eltern oder Kinder – jeder nimmt sich seinen Teller und zieht sich dorthin zurück, wo er am liebsten isst, in sein Zimmer oder vor den Fernseher. Da kann man parallel die neueste Serienfolge im Fernsehen anschauen oder neue Computerspiele ausprobieren, und das Essen kostet nicht mehr extra Zeit.

Das klingt praktisch, kann aber fatale Folgen haben. Wer sich nicht mehr mit der Mahlzeit beschäftigt, sondern nur noch nebenbei isst, nimmt den Geschmack nicht mehr wahr und verliert auch das Maß. Man isst, was vor einem steht, bis es aufgegessen ist. So stopft man Fette, Kohlenhydrate und Kalorien in sich hinein, ohne sie eines Blickes zu würdigen, ohne zu registrieren, ob es überhaupt schmeckt. Kaum jemand würde am Esstisch eine Tüte Kartoffelchips zu sich nehmen. Die Eintönigkeit des Geschmacks würde sich nach dem zweiten Bissen bemerkbar machen. Doch nebenbei sind bald reichlich Kalorien verdrückt, ohne dass sich Zufriedenheit einstellt. Und so dauert es nicht lange, bis sich der Appetit wieder meldet. Die Pausen zwischen den Gerichten und Snacks werden kürzer, die verzehrte Energiemenge größer, die Speckröllchen dicker – nur so, aus Unachtsamkeit und Gewohnheit.

Wenn Kinder jederzeit in den Kühlschrank greifen dürfen, nehmen sie sich manchmal mehr, als ihnen guttut.

Grenzenlose Liebe

Es gibt aber auch Familien, die eigentlich gesund leben, die Biokost kaufen und regelmäßig zusammen essen und trotzdem ein oder mehrere dicke Kinder haben. Vater und Mutter sind oft schlank und achten auf ihr Äußeres, aber das Kind geht mehr und mehr auseinander. Denn die Eltern meinen es gut mit ihm, zu gut. Solange es klein ist, erfüllen sie ihm jeden Wunsch. Es erhält nur seine Lieblingsgerichte, denn sobald es beim Breilöffeln den Mund verzieht, bietet ihm die Mutter eine andere Geschmacksvariante an. Unterwegs hat das Kind immer eine Nuckelflasche dabei, oft knabbert es an einem Biokeks oder an einer Brezel. Wenn es dem Brei-Alter entwachsen ist, kocht die Mutter Nudeln mit Tomatensauce und Tomatensauce mit Nudeln, denn etwas anderes isst das Kind nicht. Sie stöhnt darüber, aber sie kocht – manchmal stellt sie zweierlei Gerichte auf den Tisch, eines für die Großen (»das isst unser Kleiner ja nicht«) und eines für den kleinen Prinzen oder die kleine Prinzessin.

Das Kind lernt schnell, dass es alles haben kann, was es möchte, und greift jedes Mal beim Warten an der Supermarktkasse in das kindgerechte Regal mit den Süßigkeiten. Die Eltern zahlen immer. Wenn die Familie unterwegs ist, will es ein Eis, die Eltern kaufen es. Im Zoo möchte es Pommes frites, die Eltern essen aus Sympathie mit. Wenn das Kind Geburtstag hat und Freunde einlädt, gibt es Tonnen von Süßigkeiten für alle Gäste. Hinterher bleibt immer noch eine Menge übrig, die dann zum jederzeitigen Verzehr herumsteht. Wenn das Kind in die Schule kommt, erhält es zwei Schultüten, eine korrekte mit Schulsachen und eine mit süßer Füllung. Zum Frühstück isst es Schokocreme, als Pausenbrot eine süße Schnitte, die hat es am liebsten, und es muss ja nun etwas leisten. Deswegen verwöhnen es die Eltern noch mehr. Auf der Fahrt in die Ferien hält man beim Burgerbrater, in Italien bekommt das Kind alles, was es gerne isst, und das ist inzwischen ganz schön viel. Warum das Kind so dick geworden ist, können sich die Eltern nicht recht erklären. An ihnen kann es nicht liegen, sie haben doch alles für ihr Kind getan. Sie haben nur nie Nein gesagt.

Wäsche-Models und die Wirklichkeit

Fast alle jungen Mädchen fühlen sich irgendwann zu dick, auch wenn sie rank und schlank sind. Solange dann jemand dieses Bild wieder gerade rückt und sie in ihrer Figur bestärkt, geht ein solcher Anfall meistens bald wieder vorüber. Manchmal bekommen sie jedoch keine Gegenrede, sondern Bestätigung, und hungern sich ohne erkennbaren Grund in eine Ess-Störung hinein. Überschlanke Vorbilder gibt es genug: An der Bushaltestelle lächeln Models mit makellosen Körpern in wenig Wäsche von den Wänden der Wartehäuschen. Im Fernsehen werden magere Möchtegern-Models gecastet, in den Modeläden hängen immer kleinere Größen, in die man hineinpassen möchte. So fangen manche Mädchen – viel seltener auch Jungen – an, abnehmen zu wollen. Sie lassen das Frühstück weg oder das Abendessen, um nur ja kein Gramm zu viel zu wiegen. Logischerweise bekommen sie einen unbändigen Hunger, dem sie nur begrenzte Zeit widerstehen können. Der Körper verlangt immer lauter nach Nahrung, besonders nach Zucker, der einen schnellen Energieschub gibt. Der Fressanfall naht. Sobald die erste Portion gegessen ist, muss eine zweite hinterher, denn wer weiß, so signalisiert der Körper, für wie lange die Reserven wieder reichen müssen. Eine Pizza ist schnell weg, dann noch eine Portion Pommes und hinterher eine Tafel Schokolade. »Nun ist es aber gut«, sagt das schlechte Gewissen. Dann wird wieder gehungert. So entwickelt sich eine fixe Idee zu einer Fahrt in den Teufelskreis aus Hungern, Fressattacken und wieder Hungern. Die Mädchen werden nach einiger Zeit entweder magersüchtig oder dick. Doch von einem schönen, gesunden und schlanken Körper, der das aktuelle Schönheitsideal ist und den sie so sehnlichst haben wollten, kann keine Rede mehr sein.

Die Psycho-Dickmacher

Wer einmal einen Tag lang aufschreibt, wann er was zu sich nimmt und warum er isst, wird über sich selbst und sein Essverhalten eine Menge lernen, und wahrscheinlich auch dieses: Man isst nur selten, weil man wirklich Hunger hat. Wesentlich öfter greifen wir zu, weil wir etwas angeboten bekommen, weil das Essen einfach da steht, weil es appetitlich aussieht, weil es gut duftet, weil wir uns langweilen, weil wir nervös sind oder gefrustet. Essen und Trinken in unserer Gesellschaft, so hochzivilisiert sie sein mag, wird immer noch zum großen Teil von Instinkten gesteuert. Weniges davon ist uns bewusst, vieles geschieht unbewusst mit uns.

Trotzdem sind wir dem nicht hilflos ausgeliefert. Wer sich die wichtigsten Mechanismen klarmacht, ist doch eher in der Lage, das eine oder andere Mal innerlich Stopp zu sagen, bevor er zugreift und zubeißt. Manchmal geht es dabei um lustvolle Völlerei, häufiger aber um den Ausgleich von negativen Gefühlen. Es liegt so nahe, zu essen, wenn man eigentlich Trost braucht, wenn man eigentlich einsam ist oder verletzt wegen der ewigen Hänseleien gegen Dicke. Wer sich aber wirklich mit sich auseinandersetzt, kann seinen Gefühlen damit eher gerecht werden als mit sinnloser Fresserei. Suchen wir also das eigentliche Essmotiv.

Vernasch mich!

Der erste Psycho-Dickmacher ist die Lust. »Schau mal, wie lecker ich bin«, sagt das Törtchen, und schon haben wir es im Mund. Der Duft von frischen Brezeln steigt uns beim Vorbeigehen in die Nase, und schon halten wir an und kaufen eine, obwohl wir vorher gar keinen Hunger hatten. Kinder greifen ins Süßwarenregal, weil sie die bunten Naschereien aus der Werbung kennen und Lust darauf bekommen haben. In der Kantine wählen wir die in Fett gebackenen Kartoffelpuffer, weil sie uns anlachen, und lassen das Salabüffet links liegen. An der Tankstelle kaufen wir zusätzlich zum Benzin noch einen Schokoriegel und kauen ihn auf der Fahrt, nur weil er an der Kasse vor uns gelegen hat und uns Lust auf Süßes machte. Wir wären keinen Deut unglücklicher, wenn wir auf all diese Naschereien verzichten würden, und greifen dennoch zu.

Wenn man Kindern Lust auf Gesundes macht, darf Essen nach dem Lustprinzip durchaus sein.

Die Ursachen dafür liegen weit in der Vergangenheit und stammen zum Teil noch aus der Jäger-und-Sammler-Zeit, in der die meisten Menschen immer wieder Hunger litten und nie wussten, wann sie wieder etwas zu essen bekommen würden. Wer große Mengen vertilgte, sobald es Nahrung gab, konnte mehr Reserven einlagern. Man aß in der Zeit und hatte in der Not. Heute greifen wir immer noch zu, wenn wir etwas zu essen vorfinden, aber eine Not gibt es nicht mehr. Wir brauchen keine Fettreserven mehr, aber unser Körper und unsere Gene sind die gleichen geblieben: Die Mechanismen, die für unsere Vorfahren noch wichtig waren, haben sich von der Überlebenshilfe zur Fettfalle gewandelt.

Mir ist so langweilig!

Mancher stressgeplagte Erwachsene sehnt sich danach, sich einmal wieder richtig zu langweilen. Doch wenn es dann so weit ist, wissen die wenigsten die wertvolle Zeit für sich zu nutzen. Viele essen im Urlaub dank all-inclusive für zwei, nur weil sie sonst nichts vorhaben. Auch an langen Familienfesten wie Weihnachten wird viel gegessen, zum einen weil es Tradition hat, zum anderen weil manche Familien nichts anderes miteinander anzufangen wissen, als zu essen.

Auch Kinder essen manchmal aus Langeweile – wenn die Pflichten erledigt, alle Spiele gespielt sind und keiner von den Freunden verfügbar ist. Meist naschen sie Süßigkeiten oder Salzgebäck, wenn diese leicht erreichbar sind, ohne Grund, nur zur Beschäftigung. Oder sie gehen an den Kühlschrank und schauen mal, was sich dort so findet. Ein süßer Joghurt, eine Scheibe Wurst, eine kleine rote Käsekugel, ein Rest vom Mittagessen – nichts ist vor den Essern aus Langeweile sicher. Jugendliche schmettern gut gemeinte Ratschläge für alternative Beschäftigungen meist maulend ab. Stattdessen ziehen sie sich mit der Beute in ihr Zimmer zurück. Manchmal nur für kurze Zeit, bis sie den nächsten Kühlschrank-Feldzug starten.

Solch planloser Esserei können Eltern kleinerer Kinder sehr leicht einen Riegel vorschieben, indem sie keine Naschereien mehr vorrätig halten und den Kühlschrank für tabu erklären. Bei älteren Kindern, die solche Verbote einfach unterlaufen und ihre Süßigkeiten selbst kaufen können, ist es schon etwas schwieriger. Dann geht es darum, den Kindern und Jugendlichen zu helfen, ihre Trägheit und Ideenlosigkeit grundsätzlich und nicht nur in der akuten Situation zu überwinden.

besser essen-Tipp **Heimlich abnehmen**

Nicht jeder macht seine Probleme gerne öffentlich, vor allem Männer gehen ihren Weg häufig lieber alleine. Heimlich abnehmen hilft, den Erfolgsdruck zu verringern. Auf Chips, Cola und Süßigkeiten zu verzichten – das muss nicht auffallen. Wenn niemand aus dem Bekannten- oder Familienkreis von dem Vorhaben weiß, schaut auch keiner mit kritischem Blick auf die eigene Taille. Die Heimlich-Strategie kann jedem mit etwas Willen leicht gelingen; sie eignet sich besonders für Erwachsene und Jugendliche, die ihren Speiseplan teilweise selbst bestimmen können.

Essen als Frustbremse

Der zweite Psycho-Dickmacher ist der Frust. Ein Raucher greift zur Zigarette, wenn er sich ärgert, wenn er von seinem Chef getadelt wurde, wenn er Stress in der Beziehung hat oder wenn die Kollegen unfair sind. Ein Übergewichtiger fängt in solchen Situationen gerne an zu essen. Bei vielen Erwachsenen und auch schon bei Kindern ist das Essen zum Frustausgleich geworden. Der Mechanismus ist immer derselbe, auch wenn die Auslöser bei Kindern und Jugendlichen meist andere sind: schlechte Noten, Ärger mit der Freundin, Ausgehverbot, Liebeskummer. Alles, was der empfindlichen jungen Seele zusetzt oder am Ego kratzt, erzeugt negative Gefühle, die bewältigt werden müssen.

Manche Jugendliche laden ihren Frust dann bei Freunden ab, andere boxen oder kicken sich den Ärger von der Seele, was harmlose und wirksame Frustfänger sind. Wer solche Optionen nicht hat, aber Freunde, die gerne zuschlagen, der schließt sich ihnen an und findet bestimmt auch bald andere Jugendliche, mit denen man sich prügeln kann.

Lieber fernsehen und Chips essen als Fußball spielen? Kinder lassen sich leicht verführen.

Was man davon halten mag, steht auf einem anderen Blatt. Mädchen und introvertierte junge Männer ziehen sich eher in sich selbst zurück, wo der Frust gleichwohl nagt und seinen Ausgleich sucht. Was ist dann einfacher als essen? Misserfolge lassen sich im Leben kaum verhindern, wohl aber die falschen Frustverarbeitungs-Strategien. Essen mag zwar kurzfristig gegen die negativen Gefühle helfen, erzeugt aber langfristig nur noch mehr Frust.

Kummerspeck

Manchmal liegt der Kummer der kleinen oder größeren Frust-Esser jedoch tiefer. Gerade kleinere Kinder fangen oft an, zu viel zu essen, wenn sie von ihren Eltern nicht genügend Liebe erfahren, wenn sie zu oft und zu lange alleine gelassen werden oder wenn die Eltern oft streiten. Solche Erfahrungen erzeugen tiefe Traurigkeit, die ein Kind alleine nicht bewältigen kann. Was soll es tun, wenn es in den Arm genommen werden möchte, die Eltern aber nicht da sind oder keine Zeit haben? Wie soll es seinen Kummer loswerden, wenn es ein Einzelkind ist und Abend für Abend hört, dass sich Papa und Mama nicht mehr lieb haben, sondern aufeinander zornig sind? Was soll es machen, wenn sein sehnlichster Wunsch ein Fußballverein ist, der Vater aber Fußball ablehnt? Je kleiner das Kind ist, desto mehr ist es auf seine Eltern angewiesen, die als Einzige seine Traurigkeit auffangen könnten. Tun sie es nicht und erfährt der Junge oder das Mädchen keine Hilfe von außen, hat es keinen Opa und keine Oma, denen es sich anvertrauen kann, dann findet es schließlich manchmal keine andere Möglichkeit, als Trost beim Essen zu suchen. Und nicht selten wundern sich dann die Eltern, die oft genug Auslöser des Kummers sind, warum ihr Kind seit einiger Zeit so unglaublich zunimmt.

Keiner mag mich

Zugegeben, bei manchen Kindern hat man den Eindruck, dass sie eher zu viel als zu wenig Selbstbewusstsein haben. Das sind aber selten die dicken Kinder, und sollten diese allzu selbstbewusst auftreten, ist das eher vorgetäuscht als echt. Übergewichtige Kinder haben fast immer ein sehr schwach ausgeprägtes Selbstwertgefühl, denn sie müssen Tag für Tag erleben, dass sie wegen ihrer Körperfülle verlacht, gehänselt und ausgegrenzt werden. Gerade im Grundschulalter, wenn auf dem Schulhof Freundschaften geschlossen, Gemeinschaften gebildet und Hackordnungen festgelegt werden, bleiben dicke Kinder oft außen vor und leiden entsetzlich unter den Zurückweisungen. Natürlich wissen die anderen, dass der oder die Dicke vielleicht besonders gut malen oder basteln kann, dass er schön singt oder kaum Fehler beim Rechnen macht. Ja und? Was bei Kinderfreundschaften zählt, ist oft etwas anderes, und das ist für Eltern manchmal schwer fassbar. Sehr wichtig für die Akzeptanz von Kindern untereinander ist, dass sie in gewisse Normen passen. Wer da herausfällt, und sei es nur durch sein Gewicht, hat manchmal keine Chance. Das ist grausam, aber weitverbreitet und kaum zu ändern.

Es geht dann oft ganz schnell, dass dicke Kinder einsam und traurig sind, weil sie sich nicht geliebt fühlen, keine Anerkennung bekommen und nicht geschätzt werden. Eltern sind dann ein schwacher Trost. Was sie dringend bräuchten, sind Freunde, aber genau die fehlen. Während die Großen zumindest theoretisch in der Lage sein könnten, loszuziehen und Gleichgesinnte zu finden, sich also am eigenen Schopf aus dem Schlamassel zu ziehen, finden die Kleinen diesen Weg oft nicht alleine. Ersatzweise trösten sich viele mit Schokolade oder anderen Naschereien, um die Sorgen zumindest kurzfristig zu vergessen. Doch so nimmt der Speck immer weiter zu, das Problem wird größer und größer und das Selbstwertgefühl kleiner und kleiner. Gegen die große Verletzbarkeit essen sich manche einen wahren Schutzpanzer an, durch den niemand mehr hindurchdringt, am Ende nicht einmal mehr sie selbst. Das kann so weit gehen, dass dicke Kinder das natürliche Gefühl für den eigenen Körper völlig verlieren. Sie können oder wollen sich nicht einmal mehr selbst spüren und sind hilflos gefangen in einem Teufelskreis, aus dem sie nur die Eltern durch liebevolle Strenge herausholen können.

Er würde so gerne mitspielen! Aber die anderen Jungen hänseln ihn. Bloß weil er nicht schnell genug rennt.

Die Trägheitsfalle

Dicke Erwachsene und auch Kinder sind oft antriebsschwache und ängstliche Menschen. Aus Furcht, ein Vorhaben könnte scheitern, fangen sie es gar nicht erst an. Sie haben wenig Lust am Ausprobieren und tragen alle möglichen Bedenken, anstatt Gelegenheiten zu ergreifen oder mutig und überzeugt einen Plan zu verfolgen. Manche haben erst gar keine Pläne, sondern leben weitgehend passiv in den Tag hinein, immer bemüht, nicht aufzufallen. Lieber bleiben sie zu Hause und vermeiden jedes Risiko. Eine solche Einstellung kann mit mangelndem Selbstbewusstsein zu tun haben, kann aber auch reine Trägheit sein. Die Folge ist dieselbe, denn Herumsitzen macht nicht gerade schlanker und auch nicht attraktiver.

Mitunter steckt auch eine gewisse Interessenlosigkeit an der Welt und an anderen Menschen dahinter, wenn jegliche Art von Aktivität keinen Spaß macht, sondern als lästig empfunden wird. Damit so veranlagte Kinder nicht dick und am Ende vielleicht sogar depressiv werden, brauchen sie Mutmacher. Das können Freunde sein oder Eltern, die ihnen die Welt zeigen. Das kann auch der Großvater sein, der seinen Enkel mit auf den Dachboden nimmt, oder die Tante, die mit den Kindern am Nachmittag etwas unternimmt. Irgendetwas Spannendes wird sich wahrscheinlich finden, und manchmal braucht es auch nur einen symbolischen Tritt in den Hintern.

Besser essen – einfach und preiswert

Besonders im Frühjahr, aber auch sonst gib es eine Unmenge an unterschiedlichen Abnehm- und Ernährungsempfehlungen, in deren Dschungel man sich leicht verirren kann. Welcher Lehre soll man folgen? Den Low-Fat- oder den Low-Carb-Empfehlungen? Hilft die Steinzeit- oder die Glyx-Diät? Ist »Metabolic Balance« erstrebenswert oder muss man auf sein Säure-Base-Gleichgewicht achten? Findet man Hilfe in der Ayurveda-Küche und beim Kochen mit den Fünf Elementen? Sind Vitalstoffe wichtig und helfen Schüßler-Salze?

Jeder dieser Ratgeber enthält einen mehr oder minder ausführlichen theoretischen Überbau, der dem unsicheren Leser deutlich machen soll, auf welch wissenschaftlicher Grundlage die Empfehlungen beruhen. Da aber die wenigsten ein biochemisches Studium absolviert haben und den Wahrheitsgehalt dieser Aussagen überprüfen können, entscheidet letztlich doch ein subjektives Vertrauen über die Frage »Glauben oder nicht glauben«.

An dieser Stelle hilft es, den gesunden Menschenverstand einzuschalten, über den jeder auch ohne Studium verfügt. Denn es muss niemand zum Ernährungsfachmann werden, um gesund einzukaufen und zu essen. Wenige Grundkenntnisse genügen in aller Regel. Benutzen Sie also Ihren Verstand als Machete im Ratgeber-Dschungel!

Ein Dutzend Grundregeln

Es sind nur ganz wenige Grundregeln, die eine gesunde Ernährung für die Familie ausmachen.

1 **Kochen Sie selbst:** Wer für sich und die Familie kocht, überlegt sich automatisch, was es geben soll und welche Zutaten für die Mahlzeiten benötigt werden. Gedankenlosigkeit beim Essen wird vermieden, man achtet stärker auf die Qualität der Produkte und auf Abwechslung.

2 **Achten Sie auf ausreichend Eiweiß in Form von Fisch, magerem Fleisch, Milch oder Hülsenfrüchten:** Eiweiß macht lange satt, enthält wichtige Bausteine für den Körper, aber weniger Kalorien als Fett. Kohlenhydrate nehmen wir ohnehin mehr als reichlich zu uns, aber schlecht ernährte, dicke Menschen essen oft zu wenig Eiweiß.

3 **Essen Sie mindestens dreimal am Tag Obst, Salat oder Gemüse:** Die reine Lehre sagt fünfmal, aber dreimal reicht schon. Es müssen keine großen Portionen sein, es genügt ein Glas frisch gepresster Orangensaft, ein Apfel, ein paar Gabeln Gemüse oder Salat. Auch in kleinen Mengen fördern die Mineralstoffe, Vitamine und sekundären Pflanzenstoffe aus Obst und Gemüse Fitness und Gesundheit.

4 **Essen Sie sich satt:** Hungern Sie nicht, das hält sowieso niemand durch. Essen Sie sich auf jeden Fall satt, auch und gerade, wenn Sie abnehmen möchten. Achten Sie darauf, was Ihr Magen meldet, und hören Sie auf, wenn er zufrieden ist. Essen Sie langsam, dann stellt sich das Sättigungsgefühl ein, bevor zu große Mengen vertilgt sind. Wer Gewicht verlieren möchte, kann versuchen, bei 80 Prozent Sättigung die Mahlzeiten zu beenden. Essen Sie niemals, wenn Sie nicht hungrig sind.

5 **Vermeiden Sie Softdrinks:** Sie enthalten oft eine Unmenge Zucker (ein Liter Cola zum Beispiel 44 Zuckerwürfel!) oder Zuckerersatzstoffe. Alle Arten von Zucker lassen den Blutzuckerspiegel stark ansteigen. Der Spiegel des Blutzuckerhormons Insulin schießt auch sofort in die Höhe, und da Zucker rasch abgebaut ist, sinkt er genauso schnell wieder. Daraufhin bildet der Körper das Hormon Glucagon, das hungrig macht.

6 **Vermeiden Sie Fertig- und Halbfertiggerichte:** Man weiß bei ihnen nicht, was drin ist und was nicht. Die Zutatenlisten liest ohnehin kaum jemand,

und wenn man sie prüft, ist man danach auch nicht wesentlich schlauer. Fertiggerichte enthalten meistens viele Kohlenhydrate und Fett, aber zu wenig Eiweiß, Ballaststoffe und Vitamine. Durch ihre Überwürzung und zugesetzte Geschmacksverstärker verderben sie den Geschmack. Glutamat macht außerdem nervös und fördert Hyperaktivität bei Kindern.

7 **Vermeiden Sie Light-Produkte:** Eine gesunde Ernährung braucht keine Mogelpackungen. Lebensmittel sollen schmecken und nicht schlank machen. Seien Sie ehrlich und genießen Sie Ihren Lieblingsjoghurt. Light-Produkte verführen nur dazu, mehr zu essen. Fettreduzierte Lebensmittel enthalten zudem oft viel Zucker, wodurch die Energiemenge die gleiche wie in herkömmlichen Produkten bleibt. Man kommt nur vom Regen in die Traufe. Zuckerreduzierte Lebensmittel enthalten Ersatzstoffe, die ebenfalls mehr Hunger machen, als ihn zu stillen.

8 **Vermeiden Sie Produkte mit Vitamin- oder anderen Zusätzen:** Abgesehen davon, dass eine Überdosis bestimmter Vitamine auch schädlich sein kann, sind Zusätze in Lebensmitteln generell überflüssig. Durchschnittlich gesunde Menschen, die sich durchschnittlich ernähren, leiden nicht an Vitaminmangel. Produkte mit angeblich gesunden Zusätzen sind nicht automatisch empfehlenswert. Ein Bonbon ist ein Bonbon und besteht vor allem aus Zucker, egal wie viele Vitamine er enthält. Zusätze beruhigen nur das Gewissen.

9 **Vermeiden Sie Produkte, die sich als sehr gesund anpreisen:** Kein Obsthändler käme auf die Idee, die segensreichen Inhaltsstoffe von Äpfeln, Orangen oder Pfirsichen anzupreisen. Es wäre auch eine lange Liste. Das haben echtes Obst und Gemüse nicht nötig. Als gesund beworben werden immer nur Industrieprodukte, die schon durch den Grad ihrer Verarbeitung viel weniger gesund sind als Lebensmittel aus frischen Zutaten.

10 **Kaufen Sie möglichst oft auf dem Markt:** Denn auf dem Markt wie auch in kleinen Läden gibt es die einfachen, unverarbeiteten Produkte, die am besten schmecken und die nicht zu Ernährungsunsinn verleiten. Je industrieller ein Produkt hergestellt wurde, desto ungesünder wird es sein. Aber auch viele Supermärkte haben inzwischen eine gute Obst- und Gemüsetheke und ein Bioregal.

11 **Essen Sie gemeinsam:** Und zwar möglichst drei Mahlzeiten pro Tag. Wer zusammen isst und währenddessen nichts anderes tut, erweist der Nahrung (und der Köchin) die Aufmerksamkeit und Achtung, die ihr zusteht. Essen Sie nicht im Stehen oder gar im Gehen, denn Nebenbei-Essen macht dick, weil man nicht merkt, wann man satt ist.

12 **Keine Regel ohne Ausnahme:** Verboten ist gar nichts, denn nur »die Dosis macht, dass ein Gift ein Gift ist«, wie schon Paracelsus wusste. Weder Bonbons noch Schokolade noch Chips und Pommes frites sind grundsätzlich böse, solange sie eine seltene Ausnahme bleiben.

Ballast im Kopf

Befreien Sie sich als Erstes vom Wissensballast, der mit Essen so wenig zu tun hat wie Verhütungslehre mit Sex. Das eine macht Spaß, und das andere ist lästig. Essen soll ein Genuss sein und bleiben, der auch ohne Ernährungslehre auskommt. Vergessen Sie daher Kalorientabellen und Nährwertanalysen. Das Essen wie ein Chemiker auseinanderzunehmen, um es dann nach Gut und Böse wieder zusammenzusetzen, schafft wenig Freude. Wer plant schon gerne seine Mahlzeiten nach medizinischen Gesichtspunkten? Wenn Sie bis hierhin in diesem Buch gekommen sind, den ersten Band von »Besser Essen – leben leicht gemacht« kennen und einen gesunden Menschenverstand besitzen, wissen Sie ohnehin, was gesund ist und was nicht. Es genügt völlig, das zu beherzigen. Zusätzliche Zahlen über gesunde und ungesunde Inhaltsstoffe sind vollkommen überflüssig. Wen das allerdings interessiert, dem wird es nicht schaden, aber wem Mineralstoffe und Spurenelemente egal sind, der wird deswegen nicht schlechter essen. Machen Sie sich also nicht zum Sklaven der Ernährungschemiker, genauso wenig wie in Sachen Gewichtsanalyse.

Ohne Waage geht es auch

Ob Sie und ob Ihre Kinder zu dick sind, das sehen Sie jeden Tag. Sie müssen es nur objektiv wahrnehmen. Man braucht dazu keinen Body-Mass-Index zu berechnen, der Körpergewicht und Körpergröße ins Verhältnis setzt. Es ist auch nicht notwendig, den Körperfett-Anteil von einer Hightech-Personenwaage anzeigen zu lassen. Derlei Zahlenwerk ist für wissenschaftliche Zwecke gut, aber im Familienleben dienst es allenfalls dazu, sich zu frustrieren oder als Ausrede herzuhalten (»mein BMI ist ja nur knapp drei Punkte über dem Normalgewicht«). Ein Grundschüler, auf dessen nacktem Rücken sich seitlich Hautfalten zwischen den Speckringen zeigen, hat definitiv Übergewicht. Ein junges Mädchen, dem über der Hüftjeans das Fett aus der Hose quillt, ist zu dick. Ein Mann mit einem Bierbauch ist nur für wenige Frauen sexy, und eine Frau mit Kleidergröße 46 und darüber mögen auch nur wenige Männer. Benutzen Sie also Ihre Augen, um festzustellen, was zu viel ist und was nicht.

Wer jedoch gerade dabei ist, abzunehmen, kann sich ein Erfolgserlebnis verschaffen, wenn er oder sie sich einmal pro Woche auf die Waage stellt, aber bitte nicht öfter. Tägliches Wiegen ist unsinnig, denn auch bei schlanken Menschen kann das Körpergewicht je nach Verdauung und Flüssigkeitspegel messbar schwanken.

Der gesunde Elternverstand

Eltern tun meistens instinktiv das Richtige für ihr Kind. Sie nehmen es in den Arm, wenn es weint, sie halten es zurück, wenn es auf eine befahrene Straße laufen will, und sie loben es, wenn es etwas gut gemacht hat. Warum aber gelingt es manchen Familien nicht, die Kinder vor Übergewicht zu bewahren? Warum geben Eltern und vor allem Mütter ihren ohnehin dicken Kindern nicht das Richtige zu essen, warum geben sie ihnen all die Dickmacher?

Beim Essen führen die Mutterinstinkte leider manchmal dazu, das Falsche zu tun. Denn Mütter sind durch die Evolution darauf getrimmt, ihre Kinder gut zu nähren. Familien, in denen die Kinder genug zu essen hatten, pflanzten sich erfolgreicher fort, und so entwickelte sich im Laufe der Jahrtausende ein Dream-Team aus nährender Mutter und futterndem Kind, das bis heute tief in unseren Genen steckt. Allerdings hat sich das menschliche Gehirn gleichermaßen fortentwickelt und ist mittlerweile in der Lage, ehemalige Erfolgsstrategien zu hinterfragen, wenn sie nicht mehr zum Erfolg führen. Der Elternverstand könnte also ganz einfach STOPP rufen, wenn aus dem Wonneproppen ein Pummelchen wird.

Je überzeugter und ruhiger die Eltern dabei auftreten und je weniger sie sich auf Diskussionen einlassen, desto besser für alle Beteiligten. Eltern wissen in der Regel am allerbesten, wie sie ihr Kind – ob sensibel, antriebsarm oder selbstbewusst – am besten ansprechen und motivieren können. Trotzdem gibt es eine Reihe von Tipps und Tricks, wie man Kindern gesunde Ernährung schmackhaft machen kann. Dazu später mehr.

Um lieb gewordene, aber schädliche Verhaltensweisen bei Kindern zu ändern, brauchen Eltern Mut. Dazu ist es erforderlich, sich kurzfristig bei den Kindern unbeliebt zu machen. Das ist bei der Erziehung jedoch ohnehin nicht zu vermeiden, egal ob es um die Ordnung im Zimmer, um Hausaufgaben oder eben ums Essen geht. Den Dank dafür ernten Eltern meist erst Jahre später. Doch immer noch besser ist es, einen späten Dank als späte Vorwürfe von den eigenen Kindern zu erhalten, wenn es sich die Eltern zu einfach gemacht haben.

NICOLA SAUTTER Das hungrige Mädchen

» Meine Irrwege durch den Diäten-Dschungel

Ich war ein kräftiges Mädchen mit ordentlich Power und Energie. Weil ich schon bald angefangen habe, Handball zu spielen, war ich nicht dick, brachte aber schon als Kind eine ordentliche Masse aufs Spielfeld. Als ich in die Pubertät kam, fand ich mich – wie viele andere Mädchen auch – zu dick und fing mit vierzehn an zu hungern. Das Hungern hielt ich für kurze Zeit durch, dann wurde ich schwach, im wahrsten Sinne des Wortes. Um trainieren zu können, musste ich mir vorher Schokoriegel kaufen – sonst hätte mein Kreislauf versagt. Mein Körper war ausgehungert und ich bekam Süßigkeiten-Anfälle, die das ganze Hungern wieder zunichte machten. Diese Art, abnehmen zu wollen, funktionierte überhaupt nicht.

Der Diäten-Marathon

Ich probierte es mit Diäten. Wochenlang aß ich nur Reis oder nur Ananas, bis ich das Zeug nicht mehr sehen konnte. Dann habe ich die Wunderkohlsuppen-Diät gemacht, anschließend die F.-X.-Mayr- und die Buchinger-Kur, bei der man nur Saft trinkt. Mein Gewicht schwankte extrem, bis zu 20 Kilo rauf und wieder runter. Hungrig war ich immer noch. Dann ließ ich mir Akupunkturnadeln in die Ohren stechen. Nichts hat nachhaltig geholfen. Obwohl ich eine erfolgreiche Handballerin war und sogar in der Jugendnationalauswahl gespielt habe, bekam ich mein Gewicht nicht in den Griff. Beim Essen hatte ich immer ein schlechtes Gewissen, und ich habe wirklich gelitten: Ich bekam vom vielen Hungern Schmerzen im Bauch, im Rücken und oft auch starke Kopfschmerzen. Die Ärzte konnten nichts finden und erklärten das Problem für psychosomatisch. Heute weiß ich: Mein Übergewicht wurde alleine durch die Diäten produziert. Hätte ich mit vierzehn keine Diäten gemacht, wäre ich nie dick geworden. Askese hilft überhaupt nichts.

Der Wendepunkt in meinem Leben

Bis vor fünf Jahren war das so – bis ich angefangen habe, zu recherchieren und so viel wie möglich über Ernährung zu lernen. Ich sprach mit Ärzten, Körper- und Psychotherapeuten und las jede Menge wissenschaftlicher Literatur. Die Grundlage für meine Recherchen war meine Ausbildung zur Physiotherapeutin, denn dort habe ich die Grundkenntnisse der Medizin mitbekommen. Aber jetzt lernte ich, wie wichtig Eiweiß für den Körper ist. Ich lernte, dass man sich satt essen muss, um abzunehmen. Denn gesunde, ausgewogene Kost sättigt, ohne dass man viel essen muss. Endlich musste ich nicht mehr hungern, sondern konnte essen, was mir schmeckt. Es war wie eine Offenbarung für mich und hat mir neue Lebensqualität geschenkt: essen, satt sein und auch noch schlank. Heute gebe ich mein Wissen als Ernährungsberaterin an andere weiter.

Endlich schlank, ohne zu hungern

Meine Schmerzen sind weg, ohne dass ich irgendeine medizinische Therapie angewendet habe. Ich mache jeden Tag eine halbe Stunde Gymnastikübungen, auch wenn ich viel arbeite. Den Schlankheitswahn habe ich abgelegt. Ich laufe nun keiner Idealfigur mehr hinterher, sondern achte auf meine wirklichen Bedürfnisse. Und das Essen ist mein Freund geworden, ich entwickle mittlerweile selbst Rezepte. Ganz nebenbei: Mein Body-Mass-Index ist 23. Tipptopp!

SILKE KAYADELEN Mein Kampf gegen die Waage

Warum ich dick wurde und wie ich wieder lernte, normal zu essen

Als Tochter eines türkischen Gastarbeiters und einer Deutschen wuchs ich zwischen zwei Kulturen auf. Meine Geschwister und ich wurden streng erzogen und durften, besonders meine Schwester und ich, nicht so oft raus, so wurde unter anderem viel ferngesehen. Zu der Zeit kamen Videos auf, mit Kung-Fu- und Karatefilmen, die meine Schwester und mich faszinierten. Das wollten wir auch, und so lernte ich Taekwondo. Ich hatte Talent und Ehrgeiz und bald Erfolg. Mit vierzehn wurde ich Landesmeisterin in der Gewichtsklasse von 55 bis 60 Kilogramm, mit neunzehn war ich deutsche Meisterin, Weltmeisterschaftsteilnehmerin und in der Deutschen Taekwondo-Nationalmannschaft. Trotzdem bekam ich ein Essproblem.

Unterwegs zur Essstörung

Immer wenn ich aus den Sommerferien kam und länger nicht trainiert hatte, begrüßte mich ein Trainer mit Sätzen wie »Du hast aber einen dicken Hintern bekommen!«. Solche Bemerkungen können einer Fünfzehnjährigen ganz schön zusetzen. Plötzlich war es mir wichtig, was ich wiege. Außerdem wollte mein Trainer, dass ich eine Gewichtsklasse tiefer kämpfe, um meine Chancen zu erhöhen. Mehr als 55 Kilogramm durfte ich nicht wiegen. Also versuchte ich abzunehmen, was natürlich nicht so leicht war. Irgendwann habe ich gemerkt, dass ich essen kann, ohne zuzunehmen, wenn ich die Mahlzeit hinterher wieder ausbreche. Das habe ich eine Zeit lang so gemacht und nahm auch ab, bis es mir zu eklig wurde. Ich hörte auf damit und nahm wieder zu. Plötzlich wog ich über 60 Kilogramm und war damit schon eine Gewichtsklasse höher als normal. Ich musste dringend wieder abnehmen, kannte aber leider nur ungesunde Methoden. Ich aß mal nichts oder ich versuchte, vor Wettkämpfen mein Gewicht durch Saunabesuche zu verringern und probierte alle bekannten Diäten aus.

Mit zweiundzwanzig Jahren wurde ich schwanger und hörte mit dem Leistungssport auf. Nach der Geburt meiner Tochter wog ich über 80 Kilogramm und nahm einfach nicht mehr ab. Um wieder auf ein normales Gewicht zu kommen, begann ich, exzessiv Sport zu treiben. Dies fiel mir leicht, da ich mich in der Zeit mitten in meinem Sportstudium befand. Trainierte ich aber wenig, nahm ich zu. Ein ewiges Auf und Ab. So konnte es nicht weitergehen.

Was mir geholfen hat

Durch die Arbeit in einem Bürger-, Sport- und Kulturzentrum, sah ich, dass es viele Menschen gibt, die Probleme mit ihrem Gewicht haben und dringend Hilfe beim Abnehmen brauchen. So kam ich auf die Idee, Bewegungskurse für Mollige (Molly-Fit) zu entwickeln. Zusätzlich absolvierte ich eine Weiterbildung zur Pilates- und Ernährungstrainerin. Das half mir auch persönlich. Ich begann, meine eigene Ernährung wieder besser zu organisieren und achtete auf regelmäßige Mahlzeiten mit viel Gemüse und Eiweiß. So begann ich, langsam abzunehmen. Ich wurde Personal Trainerin mit dem Schwerpunkt Bewegung und Ernährung. Heute helfe ich Menschen, die ihr Gewicht reduzieren oder ihre Fitness verbessern wollen. Meine Kleidergröße ist stabil bei 36, ich esse gesund und nehme nicht mehr zu. Ich muss nicht mehr hungern und habe wieder ein normales Kontrollgefühl über meinen Magen. Ich spüre wieder, wann ich hungrig bin und wann ich satt bin. Es hätte immer so sein müssen.

Obst je nach Saison und wenn möglich aus der Region ist gesund und preiswerter als süße Fertigsnacks.

Besser essen mit wenig Geld

Im Bioladen einkaufen, das können sich nur Besserverdiener leisten! Frisches Obst im Winter? Viel zu teuer! Solche und ähnliche Sätze hören Meinungsforscher oft, wenn sie sich bei Familien mit knappem Budget nach deren Ernährungsgewohnheiten erkundigen. Gesundes, vollwertiges Essen steht gerade bei Geringverdienern in dem Ruf, sehr teuer zu sein – teurer, als man es sich leisten kann, nicht zuletzt, weil in letzter Zeit die Preise für einige Grundnahrungsmittel wie Milch gestiegen sind.

Familien mit geringem Einkommen ernähren sich statistisch gesehen schlechter. Es gibt dort mehr übergewichtige Erwachsene und mehr dicke Kinder. Die Ernährungsgewohnheiten zeigen, warum: Viele greifen viermal pro Woche oder öfter zu Fast Food und Fertiggerichten, während es dieses schnelle Essen bei Besserverdienern höchstens einmal pro Woche gibt. Tatsache ist auch: Menschen mit geringem Einkommen essen verhältnismäßig viel Fleisch und mehr fettes Essen. Tatsächlich stoßen Menschen mit sehr geringem Einkommen schnell an die finanziell machbaren Grenzen des Einkaufskorbs. Deutsche Wissenschaftler haben mittlerweile bestätigt, dass das Arbeitslosengeld II nicht ausreicht, um Kinder und Jugendliche ausgewogen zu ernähren. So sind für vier- bis sechsjährige Kinder nur rund 2,50 Euro pro Tag veranschlagt, die Forscher halten aber einen Euro mehr für nötig. Ein Fünfzehnjähriger, der sich gut ernähren will, braucht demzufolge knapp 5 Euro täglich bei Verpflegung aus dem Discounter, die Sätze sehen jedoch nur etwa 3,50 Euro vor. Sozial Schwächere haben daher erwiesenermaßen Schwierigkeiten, sich und ihre Familien halbwegs gesund zu ernähren. Schlecht ernährt sind jedoch auch sehr viele Familien, in denen die Eltern erwerbstätig sind, die sich Urlaub und zahlreiche elektronische Geräte leisten können. Im bundesweiten Durchschnitt geben die Deutschen rund 11 Prozent ihres verfügbaren Einkommens für Urlaub aus, aber nur 10 Prozent für ihre Ernährung. Es ist also anscheinend auch eine Frage der Prioritäten, wie gut eine Familie isst, und nicht nur eine Frage des Geldes.

Gesunde Ernährung ist durchaus auch mit kleinem Geldbeutel möglich, mahnen Gesundheitsexperten und weisen darauf hin, dass es deutlich günstiger ist, selbst zu kochen, als Fertiggerichte zu kaufen, und dass es inzwischen in jedem Supermarkt gesunde Vollkornprodukte und zu jeder Jahreszeit erschwingliche Obst- und Gemüsesorten gibt. Man kann auch mit wenig Geld besser essen. Man muss dazu nicht im Bioladen einkaufen. Denn auch viele Familien mit gut gefüllter Börse kaufen beim Discounter ein, es kommt nur darauf an, was. Manche Wissenschaftler haben schon eine Sündensteuer vorgeschlagen, die ungesundes Essen teurer und gesundes billiger machen soll, doch es ist wenig wahrscheinlich, dass eine solche Regelung kommen wird. Man braucht sie vielleicht auch gar nicht, denn gesunde Lebensmittel sind nicht automatisch teurer als ungesunde. Manchmal ist sogar das Gegenteil der Fall. Es hat sich nur noch nicht überall herumgesprochen.

Energieverschwendung, ja bitte!

Helmut Schulze arbeitet bei der Stadtverwaltung. Die Leute sagen, der Helmut vom Amt, denn zu ihm kommen sie, wenn der Pass verlängert werden muss oder wenn der Führerschein mal wieder weg war wegen Alkohol. Dabei ist eigentlich jeder auf sein Auto angewiesen in der ländlichen Region, wo die Wege für die alltäglichen Erledigungen weit sind und die Kleinstadt das einzige Zentrum in der Umgebung ist. Helmut fährt auch Auto, jeden Weg. Zwar wohnt er sehr zentral, und zu Fuß bräuchte er nur eine Viertelstunde zur Arbeit, aber dort hat er einen eigenen Parkplatz, und da stellt er seinen Wagen weithin sichtbar hin. Er hat einen großen Wagen, wenn er auch nicht mehr das neueste Modell fährt.

Seine Frau Hilde hat auch einen Führerschein, aber sie fährt lieber Fahrrad. Das ist ihm auch lieber, man kennt das ja, Frauen am Steuer! Helmut steht gerne früh auf. Dann sitzt er in der Küche und liest die einzige Zeitung der Region, man muss ja auf dem Laufenden sein. Seine Frau führt in der Zwischenzeit den Hund spazieren. Er selbst geht mit dem Hund nur am Wochenende auf den Hundeplatz, dort kann der Labrador zeigen, was er gelernt hat. Helmut hat viele Bekannte im Hundesportverein, mit denen trinkt er gerne ein Bier, aber das Ausführen des Hundes liegt ihm nicht so. Da ist es schon gut, wenn Hilde ihm das abnimmt.

Aus reiner Gewohnheit

Helmut hat viel Zeit. Die Arbeit strengt schon lange nicht mehr an. Um vier Uhr macht er Schluss, dann fährt er nach Hause und trinkt Kaffee. Hilde ist eine gute Bäckerin, meistens gibt es nachmittags einen leckeren Kuchen. Danach ruht er sich ein wenig auf dem Sofa aus, und nach dem Abendbrot sitzen sie gemeinsam vor dem Fernseher oder er trifft sich mit Freunden in der Wirtschaft. Die fünf Minuten zur Dorfgaststätte geht er dann zu Fuß, denn seinen Führerschein braucht er noch, um ins Büro zu kommen. Er trifft seine Skatbrüder am Stammtisch, sie trinken Bier und auch mal einen Schnaps. So war es immer und so wird es immer sein.

Helmut hat einen veritablen Ranzen, aber den hat hier jeder. Das gehört dazu. »Ein Mann ohne Bauch ist ein Krüppel«, sagt man hier. Die Frauen kochen gut und reichlich, vor allem wenn die Kinder mal wieder vorbeikommen, sonntags zum Mittagessen. Der jüngste Sohn wohnt noch zu Hause. Er ist einundzwanzig, ganz der Vater, dieselbe Statur. Letztes Jahr war er sogar Schützenkönig. Richtig stolz sind sie gewesen. Eine Freundin hat er nicht, die Mädels wollen heute eher sportlichere Typen.

Im Ort gibt es noch den Sportverein, die Fußballer spielen in der Bezirksoberliga, aber das ist etwas für die jungen Leute. Helmut spielt schon 20 Jahre lang nicht mehr Fußball. Er kommt ja schon beim Treppensteigen aus der Puste.

Im Sommer arbeitet Helmut ein bisschen im Garten, aber das meiste macht seine Frau. Er gräbt um und schneidet die Obstbäume, alle zwei Wochen mäht er den Rasen. Letztes Jahr hat er sich einen

besser essen-Tipp | Immer in Bewegung

Wer seine Muskulatur ständig in leichter Bewegung hält, verbraucht eine Menge zusätzlicher Energie, ohne eigens Zeit für Sport aufzuwenden. Telefonieren Sie z. B. immer im Gehen oder Stehen. Gehen Sie in der Mittagspause ein paar Minuten spazieren. Besorgen Sie sich einen beweglichen Stuhl und besuchen Sie Kollegen, anstatt sie anzurufen. Gehen Sie Treppen zu Fuß, wippen Sie an der Bushaltestelle auf den Zehen. Und bremsen Sie Kinder nicht in ihrem natürlichen Bewegungsdrang. Lassen Sie sie auf dem Bett springen, schicken Sie sie raus zum Spielen und lassen Sie sie im Alltag mithelfen.

Herumhängen vor dem Fernseher ist die Lieblingsbeschäftigung vieler Jugendlicher. Eltern stören dabei nur.

Aufsitz-Rasenmäher gekauft, für den ist er viel bewundert worden. Mit ihm fährt er seinen Garten ab und bleibt gerne mal am Zaun stehen, um ein Schwätzchen zu halten.

Im Urlaub fahren sie mit dem Auto nach Österreich. Sie treffen dort immer die Bekannten aus Norddeutschland, einen Schweinebauern und seine Frau. Hilde wandert ja gerne, sie geht dann mit den anderen Frauen aus der Pension morgens los. Für Helmut ist das nichts. Er fährt sowieso nur Hilde zuliebe hierher, damit sie mal rauskommt. Er wäre zu Hause eigentlich auch zufrieden. Dort hat er ja alles, was er braucht.

Zur Bewegungslage der Nation

In Deutschland machen sich die Couch-Potatoes breit. In Umfragen sagen zwei Drittel der Bundesbürger, dass sie ihre Freizeit am liebsten auf dem Sofa verbringen. Am Arbeitsplatz sieht es nicht besser aus: Jeder zweite Berufstätige sitzt den ganzen Tag am Computer, aber auch Lkw- und Gabelstaplerfahrer verbringen den Tag überwiegend im Sitzen. Einen Ausgleich dafür schaffen nicht viele: Drei Viertel der Büro-Jobber treiben überhaupt keinen Sport, und jeder zweite Sportmuffel hat deshalb ein schlechtes Gewissen.

Dabei sind die Männer in Sachen Sport gesundheitsbewusster als die Frauen. Während immerhin jeder vierte Mann regelmäßig Sport treibt, tut das nur ein Sechstel der Frauen. Sie gleichen den sportlichen Rückstand jedoch im Alltag aus: Sie steigen mehr Treppen, fahren mehr mit dem Fahrrad und arbeiten öfter im Garten.

Sportliche Betätigung scheint auch etwas mit dem sozialen Status zu tun zu haben. Während zwei Drittel der Menschen mit einem monatlichen Nettoeinkommen unter 1000 Euro angeben, selten oder überhaupt nie Sport zu treiben, sagt das lediglich ein Drittel bei den Gutverdienern, die mehr als 3000 Euro monatlich zur Verfügung haben.

Trägheitsfallen für Kinder

Kinder, die nicht regelmäßig Sport treiben, kommen besonders häufig aus Familien mit niedrigem Einkommen und mit Migrationshintergrund. Dabei sind Kinder eigentlich überhaupt keine Sportmuffel, sondern bewegen sich ausgesprochen gerne, wenn man sie lässt. Ein Großteil der Kinder zwischen drei und zehn Jahren treibt regelmäßig Sport, etwa drei Viertel der Mädchen und Jungen mindestens einmal pro Woche, rund ein Drittel sind sogar dreimal und häufiger sportlich aktiv. Mit höherem Alter wird das allerdings weniger. Zwischen elf und siebzehn Jahren ist nur noch ein Fünftel der Mädchen und Jungen mindestens viermal pro Woche körperlich aktiv. Dagegen sitzen Kinder heute rund zweieinhalb Stunden pro Tag vor dem Fernseher oder dem Computer. Hier hat sich in den vergangenen Jahren ein rasanter Wandel in der Freizeit der Kinder vollzogen, weg vom Spielen im Freien und hin zur Glotze, mit den entsprechenden Folgen.

Fernsehen ist ein Bewegungskiller, und mehrere wissenschaftliche Untersuchungen belegen eindeutig einen Zusammenhang zwischen der Dauer des täglichen TV-Konsums und dem Übergewicht bei Kindern. Dabei ist das Fernsehen gleich in mehrfacher Hinsicht schädlich: Es benötigt Zeit, die für andere Aktivitäten verloren geht, die Kinder essen oft nebenbei wertlose Knabbereien, und sie sehen die allgegenwärtige Werbung für Süßigkeiten und für Kinderlebensmittel, die in aller Regel gewaltige Zuckerbomben und nicht gerade gesund sind. Doch besorgten Eltern ist es manchmal lieber, das Kind sitzt zu Hause vor dem Fernseher, als dass es draußen unkontrolliert in der vermeintlich gefährlichen Welt herumläuft.

Kinder sind heute nicht mehr zu Fuß oder mit dem Fahrrad unterwegs, wie es früher selbstverständlich und unvermeidlich war. Stattdessen fahren sie mit dem Bus zur Schule oder werden von ihren Eltern mit dem Auto gebracht. Sie bewegen sich nicht mehr nebenbei im Alltag, sondern nur noch auf Inseln, zu denen sie die Eltern bringen – zum Sport, ins Schwimmbad, zum Eislaufen. Auch die steigenden schulischen Anforderungen spielen eine Rolle. Sie lassen vielen Kindern und Jugendlichen nur noch wenig Freizeit.

Gesund, schön und glücklich

Der zunehmende Bewegungsmangel der Kinder zeigt bereits medizinische Folgen. Orthopäden beklagen Haltungsschäden, Sportmediziner registrieren eine abnehmende Beweglichkeit und Koordinationsfähigkeit, Kinderärzte sehen immer mehr übergewichtige Patienten, Psychologen betreuen traurige Pummelchen, die unter den Hänseleien ihrer Freunde leiden und sich zurückziehen.

Ihre sportlichen Leistungen leiden natürlich unter dem Übergewicht, der Spaß am Sport und an der Bewegung lässt nach. Dicke Kinder, Jugendliche und später auch Erwachsene gehen meistens jeder Art von Sport aus dem Weg. Das ist ausgesprochen schade, denn wer sich regelmäßig bewegt, hat mehr Spaß am Leben und bleibt wesentlich gesünder als gleichaltrige Nichtsportler.

Bewegung bewirkt eine Menge Positives im Körper und im Kopf: Durch jede Anstrengung, und sei sie noch so klein, gelangt Sauerstoff in die Lungen. Mit der Zeit atmen diese tiefer, kräftiger und können größere Mengen Sauerstoff aufnehmen. Er gelangt ins Blut und wird dort von den roten Blutkörperchen in die Organe und andere wichtige Körperbereiche transportiert. Werden sie vermehrt gebraucht, erhöht der Körper ihre Produktion. Durch mehr rote Blutkörperchen wird wiederum die Muskulatur besser mit Sauerstoff versorgt, und wenn mehr Sauerstoff und mehr Nährstoffe in die Muskeln gelangen, schwellen diese an. Die Fasern werden dicker, der Muskel kräftiger.

Ein trainierter Körper hat auch mehr Kapillaren, das sind feinste Blutgefäße, die auch die Muskeln versorgen. Eine bessere Durchblutung führt zu elastischeren Blutgefäßen, das Herzvolumen nimmt zu, und der Herzmuskel wird leistungsfähiger. Blutdruck und Ruhepuls sinken, und das Risiko einer Herz-Kreislauf-Erkrankung nimmt deutlich ab. Bewegung sorgt außerdem für starke Knochen und Sehnen und für geschmeidigere Gelenke.

Bewegung bringt den Stoffwechsel in Schwung, strafft das Gewebe und sorgt für mehr Zufriedenheit.

besser essen-Tipp **Viel trinken!**

Auf Wasser kann der Mensch nur kurze Zeit verzichten. Längere Trinkpausen führen dazu, dass Gehirn und Körper nicht mehr leistungsfähig sind. Bei Konzentrationsschwäche sollte man deshalb zuerst ein Glas Wasser trinken. Geben Sie Ihren Kindern für die Schule am besten immer ausreichend zu trinken mit. Auch für den Nachmittag sollte etwas bereitstehen, jedoch keine süße Limo. Zudem vertreibt Trinken Hunger eine Zeit lang. Manchmal verbirgt sich hinter einem vermeintlichen Hungergefühl sogar Durst. Trinken Sie also, wenn Sie hungrig sind, ein Glas Wasser, bevor Sie zu fester Nahrung greifen.

Bewegung macht zudem glücklich. Die Gründe dafür sind noch nicht genau erforscht. Manche Wissenschaftler erklären die Glücksgefühle, die etwa Sportler während und nach dem Training erleben, durch eine erhöhte Ausschüttung von Hirnbotenstoffen wie Serotonin, Dopamin oder Noradrenalin. Andere machen die Bildung von Endorphinen, also körpereigenen Stoffen, die opiumähnlich sind, dafür verantwortlich. Wahrscheinlich trifft aber auch die schlichte psychologische Erklärung zu, dass das Wissen um die eigene Leistungsfähigkeit einfach zu einem guten Gefühl führt. Was auch immer die Ursache ist – Stimmung und Selbstwertgefühl steigen oft schon nach einer Stunde aktivem Sport, und man nimmt seinen Körper durch die Bewegung wieder intensiver und positiver wahr.

Umfragen bestätigen, dass Freizeitsportler mit sich und mit ihrem Leben zufriedener sind als Nichtsportler. Während sich jeder dritte Sportmuffel häufig müde und schlapp fühlt, trifft dies nur auf jeden zehnten Sportler zu. Sportmuffel leiden doppelt so häufig unter Stimmungsschwankungen oder Schlafstörungen.

Bewegung verlangsamt sogar insgesamt den Alterungsprozess: Wissenschaftler konnten zeigen, dass die Fitness für das erreichte Alter sogar entscheidender ist als das richtige Körpergewicht. Dicke Menschen, die sich trotzdem regelmäßig bewegten, lebten nicht nur besser, sondern sogar länger als untrainierte Normalgewichtige.

Ein Kick für den Stoffwechsel

Ohne Bewegung ist die beste Ernährung nur halb so viel wert, da mag man noch so viele gesunde Nährstoffe zu sich nehmen. Denn die Nährstoffe wollen auch verarbeitet und nutzbar gemacht werden. Dazu braucht es einen gut funktionierenden Stoffwechsel, und Bewegung ist der Zündfunke dafür. Nur wer seinen Stoffwechsel auf Trab bringt, kann all die guten Nährstoffe auch so nutzen, dass sie richtig zur Geltung kommen.

Wer sich bewegt, verbraucht in diesem Moment Energie. Das ist klar. Das Erstaunliche ist jedoch: Er verbraucht nicht nur so lange mehr Energie, wie er sich bewegt. Ein aktiver Organismus setzt noch Stunden nach einem Training mehr Energie um, selbst dann, wenn er schon längst faul auf dem Sofa sitzt oder schläft.

Das liegt am sogenannten Grundumsatz, das ist der Kalorienverbrauch im Ruhezustand. Muskulösere Menschen haben ungerechterweise einen höheren Grundumsatz. Sie verbrauchen selbst im Ruhezustand mehr Kalorien als Menschen mit weniger Muskeln. Denn Bewegung führt dazu, dass in den Körperzellen die Zahl der sogenannten Mitochondrien steigt. Diese Zellkraftwerke verarbeiten den Sauerstoff. Der gesamte Stoffwechsel läuft schneller und intensiver ab. Der Cholesterinspiegel sinkt und ebenso der Harnsäurespiegel. Die Verdauung kommt in Schwung, und die Restnahrung wird nicht bis auf die letzte Kalorie ausgequetscht, sondern großzügiger ausgeschieden. Auch Stresshormone werden durch Bewegung schneller abgebaut, man fühlt sich nach einem Training ruhiger, entspannt sich leichter und kann schließlich auch besser schlafen. Ein aktiver Stoffwechsel setzt wesentlich mehr um als ein träger, und das ist auch für das Abnehmen von entscheidender Bedeutung.

Ohne Training der Muskulatur verliert unser Körper ab seinem dreißigsten Lebensjahr ständig an Muskelmasse, rund 3 Kilo alle zehn Jahre. Die verloren gegangene Masse wird durch Fettgewebe ersetzt. Dann gehen Männer wie Frauen langsam, aber sicher aus der Form. Wer dieses Fett wieder verbrennen möchte, kommt nicht umhin, etwas für seine Muskulatur zu tun, denn nur dort wird überschüssiges Fett wirksam verbrannt.

Wer trainiert und sein Gewicht dabei kontrolliert, sollte aber Folgendes wissen: Der Umsatz von Fett in Muskeln macht sich auf der Waage nicht als Gewichtsverlust bemerkbar, im Gegenteil. Das gleiche Volumen Fett wiegt nämlich weniger als Muskeln. Wer Muskeln aufbaut, nimmt also an Gewicht zu. Also bitte nicht verzweifeln, wenn das Abnehmen auf diese Weise in reinen Zahlen langsamer vonstattengeht als gewünscht.

Fit ohne Sport

Manchen Menschen gehen die üblichen Fitnessempfehlungen auf die Nerven. Sie haben nun einmal keinen Spaß am Joggen und auch nicht an Gymnastik im Fitness-Studio. Ihnen machen gutgelaunte Vorturner eher schlechte Laune, weil sie einen sportlichen Leistungsdruck erzeugen, dem sie sich eigentlich nicht aussetzen möchten. Für all jene, die Sport nicht mögen, gibt es eine sehr gute Nachricht: Es geht auch ohne.

Man muss nicht zum Krafttraining gehen, und man muss auch nicht unbedingt joggen. Muskeln entstehen bei jeder Art von körperlicher Betätigung, und sie bauen sich ab, wenn Stillstand herrscht. Das hat jeder bereits am eigenen Leib erfahren, der sich schon einmal einen Arm gebrochen hat. Nach mehreren Wochen im Gips ist der gebrochene Arm viel dünner als der andere, denn die unbenutzten Muskeln sind geschrumpft. Und schon bald sieht der geheilte Arm wieder genauso aus wie der andere, auch ohne Training. Die alltägliche Bewegung, die man gar nicht als solche wahrnimmt, ist für die Grundmuskulatur und für den Energieverbrauch eines Durchschnittsmenschen viel bedeutender als Sport.

Viele Menschen sind fit und gesund, ohne dass sie auch nur ein einziges Mal in der Woche Sport treiben. Denn sie bewegen sich in ihrem Alltag. Sie fahren Fahrrad, sie gehen zu Fuß, sie haben Freude an körperlicher Arbeit im Garten oder im Haus, sie unternehmen etwas. Auch hierbei werden Muskeln trainiert, wird der Stoffwechsel angekurbelt, wird Fett abgebaut und werden Herz und Kreislauf gestärkt. Je nach Vorlieben und körperlichen Voraussetzungen finden sich für jeden genügend Möglichkeiten, den Körper in Schwung zu bringen. Selbst der Alltag eines Büromenschen bietet ausreichend Gelegenheit dazu. Es reicht völlig aus, sich im ganz normalen Tagesablauf ein wenig mehr zu bewegen als bisher. Das geht mit wenigen kleinen Änderungen und ohne großen Zeitaufwand, bringt aber eine Menge. Man muss nur daran denken.

Ein paar Bauchmuskelübungen zwischendurch gefällig? Das geht auch ohne Sportverein und ohne Eltern.

Aktiv werden – leichter leben

Selbsterkenntnis ist der erste Schritt in ein schlankeres Leben, doch danach sollten Taten folgen. Gewinnen Sie mehr Lebensfreude, ersetzen Sie Ihre schlechten Essgewohnheiten durch bessere und kommen Sie in Bewegung – im Alltag und in der Freizeit!

Clevere Strategien für die ganze Familie

›› Schlechte Gewohnheiten abzulegen ist das Schwierigste, das man sich vornehmen kann? Nicht wenn man sie durch bessere ersetzt. Gemeinsam kann jede Familie den psychischen und sozialen Dickmachern entgehen. Lernen Sie, wie Sie neue Freude am Essen finden, wie Sie Frust abbauen ohne Schokolade und warum Etappenziele so wichtig sind. Und wer sich im Alltag bewegt und seine Freizeit aktiver gestaltet, wird nach und nach seine Pfunde los und mehr Spaß am Leben haben.

Wenn es schlechte Gewohnheiten sind, die Familien allzu schwergewichtig werden lassen, dann gilt es, sie zu ändern. Nichts ist leichter gesagt als das und nichts schwerer getan als das. Gewohnheiten, die unserem Verhalten zugrunde liegen, sind äußerst fest im Kopf verankert. Viele Menschen tun viele Dinge nur deshalb, weil sie schon immer so waren und weil sie denken, das müsse so sein. Will man aber von schlechten Gewohnheiten wegkommen, muss man sie zuerst identifizieren. Wo also liegt in der Familie, die abnehmen möchte, das Hauptproblem? Liegt es daran, dass die Familie das Falsche einkauft? Dann schnell das Kapitel »Besser einkaufen« im ersten Band von »Besser Essen – leben leicht gemacht« lesen! Kocht die Familie allzu einseitig oder gar nicht? Dann helfen unsere Rezepte, auf neue, gesündere Ideen zu kommen. Liegt das Problem aber tiefer, sind es psychische oder soziale Dickmacher, die dahinterstecken, dann fangen wir hier gemeinsam an, ihnen aus dem Weg zu gehen. Zuerst den Psycho-Dickmachern, die jeder Einzelne für sich erkennen und ausmerzen kann, dann den sozialen Dickmachern in der Familie und bei den Freunden. Und last, not least: Ohne Bewegung nützt auch gesunde Ernährung nichts. Trotzdem keine Sorge – in jedem Alltag lässt sich ohne wesentlichen Mehraufwand genügend Bewegung unterbringen.

Hauptsache essen

Die erste und wichtigste Regel im Kampf gegen die Pfunde ist: Essen ist keine Nebensächlichkeit. Geben Sie Ihrer Ernährung die Rolle, die ihr gebührt, nämlich eine Hauptrolle in Ihrem Tag und keine Statistenrolle. Essen ist viel zu schön, als dass man es nebenbei tun sollte. Eine Mahlzeit löst auf vielfältige Weise sehr positive Gefühle aus, warum sollte man sie nicht genießen?

Nahrung, die im Stehen, im Gehen oder vor dem Fernseher gegessen wird, registriert der Körper nicht in gleichem Maße. Denn nebenbei zu sich genommen, kommt sie im Sättigungsgehirn nicht an. Wer ständig unterwegs isst, fühlt sich nie wirklich hungrig, aber auch nie wirklich satt. Eile und Ablenkung führen im Gegenteil dazu, dass man schneller isst, und damit oft auch zu viel. Insofern ist die To-go-Gastronomie für Dicke leider nichts. Man schlürft den Kaffee aus dem Becher in wenigen Zügen weg oder schlingt die Pizza aus dem Karton in sich hinein, ohne wirklich mitzubekommen, was man eigentlich trinkt oder isst, wie es schmeckt und ob es guttut oder nicht. So kann man dauernd essen und trinken und merkt es kaum, später auf der Waage aber umso mehr. Vor dem Fernseher liegt eine Tüte Chips, die knabbert man während der Soap, der Comedy oder der Show. Und schon ist die Tüte leer, ohne dass der Magen wirklich registriert hat, wie viel Energie er dabei bekommen hat. Couch-Potatoes nehmen nicht mehr wahr, was sie essen, und sehen nicht mehr hin. Wie schade!

Neu schmecken lernen

Mit hartnäckigen Nebenbei-Mampfern machen wir manchmal ein Esstraining, damit sie wieder schmecken lernen. Das kann auch jeder für sich selbst ausprobieren. Essen Sie einmal sehr bewusst und langsam einen Vollkornkeks. Schließen Sie dazu die Augen und spüren Sie genau, wie es ist, diesen Keks zu essen. Lassen Sie sich Zeit. Und danach – ein Stück Karotte, ein Stück Brot oder ein Stück Zucchino, ganz egal, es sollte nur ein einfaches Lebensmittel sein. Lernen Sie den Unterschied wieder kennen. Oder lassen Sie Ihre Kinder beim Kochen die Zutaten probieren. In rohem, gekochtem, gebratenem, ungewürztem und gewürztem Zustand. So lernen sie, wie die Dinge einzeln schmecken und was sie tatsächlich mögen. In unserem Esstraining haben wir Kinder auch Schokolade essen lassen, aber dann richtig! Etwas so Leckeres muss man genießen! Augen schließen, ein Stück auf der Zunge zergehen lassen, es ganz lange im Mund behalten. Köstlich! Vielleicht noch ein zweites Stück? Kein Problem, wirklich! Doch danach sind meistens die Sinne schon vollkommen befriedigt und brauchen gar nicht mehr, weil man das eine Stück Schokolade mit allen Sinnen genossen hat.

Sinnliches Vergnügen

Und noch ein weiterer Versuch: Geben Sie Ihrem Kind einen Schluck Cola. Es soll ihn nicht hinunterschlucken, sondern möglichst lange im Mund behalten, um den Geschmack genau kennenzulernen. Sobald die Cola im Mund warm wird, führt das bei den meisten Menschen wegen der starken Süße sehr schnell zu Ekel-Empfindungen. Die Kinder lernen dabei: Es gibt Besseres als eine süße Cola. Und die Geschmacksnerven mit Kälte und Eis zu betäuben, wozu sollte das gut sein?

Quiz in der Küche: Riechen und Schmecken mit geschlossenen Augen macht Spaß und schärft die Sinne.

Fast alle Kinder lieben das sinnliche Vergnügen beim Essen. Das kann man ausnutzen, indem man zum Beispiel ein Ratespiel mit Obst und Gemüse macht. Wer erkennt die Tomate am Geruch? Nehmen Sie fünf verschiedene Obst- und Gemüsesorten und lassen Sie die Kinder mit geschlossenen oder sogar mit verbundenen Augen daran schnuppern. Riechen Sie auch selbst daran, und Sie werden ganz nebenbei feststellen, wie groß oftmals die Unterschiede zwischen Treibhausgemüse und saisonalem Freilandgemüse sind! Erkennen die Kinder die Sorten nicht auf Anhieb, lassen Sie sie als Nächstes tasten. Und danach geht es ans Probieren – immer noch mit verbundenen Augen! So macht man Kinder neugierig auf Dinge, die sie möglicherweise zuvor abgelehnt haben, und sie werden vielleicht erstaunt feststellen, was es noch alles zu entdecken gibt.

Spaß beim Essen

Kinder kleckern gerne, sie schmatzen gerne und viele rülpsen gerne. Natürlich müssen sie lernen, das zu kontrollieren. Sie sollen früh mit Messer und Gabel essen lernen und sie sollten Tischmanieren entwickeln. Hin und wieder aber kann man der kindlichen Lust am Befingern des Essens auch gerne nachgeben. Ein Abendessen mit Fingerfood oder eine selbst gebackene Pizza auf einer Decke auf dem Boden hockend mit den Fingern essen – das macht Laune und kann auch für die Eltern eine nette Abwechslung sein. Hauptsache, alle sind dabei und alle haben Spaß.

Um jede Mahlzeit zu genießen, gilt ansonsten: Schaffen Sie eine angenehme Atmosphäre. Decken Sie den Tisch und schalten Sie den Fernseher aus – wenigstens für die Zeit der gemeinsamen Mahlzeit, egal ob alle dabei sind oder nur ein Teil der Familie. Fast alle Kinder lieben schön gedeckte Tische, und die meisten Erwachsenen auch. Eine Tischdecke oder Sets, dazu Teller, Gläser und Besteck liebevoll angerichtet, Servietten dazu und vielleicht eine Kerze, das ist schon genug. Zusätzliche Tischdekoration darf sein, braucht es aber nicht. Der Tisch sollte gedeckt sein, bevor das Essen fertig ist, und alle sollten bei Tisch sitzen, wenn es aufgetragen wird. Dabei kann man auch Aufgaben verteilen. Je kleiner die Kinder, desto lieber helfen sie.

Wer es mag, legt eine für alle verträgliche Musik zum Essen auf. Kann man sich nicht einigen, dann jedoch lieber gar keine Musik. Manche Familien haben einen Tischspruch oder ein Gebet, das auch dazu dient, sich aufs Essen zu konzentrieren und den Rest des Lebens für einen Moment draußen zu lassen. Andere wünschen sich einfach »Guten Appetit«, und dann kann es losgehen. Natürlich darf beim Essen erzählt werden, bitte nur nicht mit vollem Mund. Man kann die Kinder nach ihren Tageserlebnissen fragen oder selbst erzählen, wie es einem ergangen ist. Fast jeder Tag bietet irgendeine lustige Geschichte, die man bei Tisch zum Besten geben kann. So werden Leib und Seele satt, und nach einer halben Stunde ist die Familie zufrieden. Und, wie hat es geschmeckt? Welche Zutat kam gut an, welche weniger? Wollen wir das bald wieder essen, oder kann man das Gericht variieren, sodass es beim nächsten Mal noch besser schmeckt? Den Geschmack des Essens genau wahrzunehmen und zu beschreiben schärft die Sinne und richtet die Aufmerksamkeit aus das Wesentliche, nämlich das Genießen. Keiner wird sein Essen mehr gedankenlos hinunterschlingen. Die Mahlzeit bekommt so wieder die Hauptrolle im Tagesablauf, die ihr zusteht, mit ganz einfachen Mitteln. Sagen Sie nicht, die Mühe lohnt sich nicht. Nach kurzer Zeit wird der Rest der Familie es zu schätzen wissen!

Bloß keine Selbstquälerei

Fast jeder, der schon einmal erfolglos versucht hat, abzunehmen, kann einen zentralen Grund für sein Scheitern nennen: mangelnde Willensstärke. Man ist wieder schwach geworden, hatte sich nicht eisern genug im Griff, hat nicht durchgehalten. Anstatt sich aber über diese eigenen Unzulänglichkeiten zu grämen, wäre es wesentlich klüger, sie zu akzeptieren und nicht ständig dagegen ankämpfen zu wollen. Die meisten Menschen sind willensschwächer, als sie glauben. Gegen die Bedürfnisse des eigenen Körpers anzuleben, das schafft kaum einer, und es wäre auch höchst ungesund. Gerade beim Abnehmen führt eine allzu rigide Vorgehensweise selten zum Erfolg. Man kann sich nicht zwingen, für immer weniger zu essen. Es macht einfach keinen Spaß, sich ständig Dinge zu verbieten, die man eigentlich gerne mag. Man kennt das von den vielen guten Vorsätzen zum Jahreswechsel, die selten länger als drei Tage halten und sehr bald wieder gebrochen sind. Selbstkasteiung macht schlechte Laune und ist in höchstem Maße unsexy.

Auch schlanke Menschen schlemmen einmal einen Abend lang, gönnen sich einen Riesen-Eisbecher oder plündern in der Weihnachtszeit die

Plätzchenvorräte. Der Unterschied zu vielen Dicken ist hier aber: Schlanke denken dann nicht, dass es jetzt sowieso egal ist, und essen nicht einfach weiter. Sie wissen, dass Essen nicht nach dem Alles-oder-nichts-Prinzip funktioniert, sondern dass jeder Bissen zählt. Also essen sie am nächsten Tag weniger, ersetzen eine Mahlzeit durch Obst oder Salat, lassen eine Mahlzeit ausfallen.

Gemein ist, dass man nach einem üppigen Essen am nächsten Morgen meist großen Hunger verspürt. Der Magen ist überdehnt worden, fühlt sich jetzt leer an und meldet, wieder befüllt werden zu wollen. Dieses Bedürfnis muss man dann leider überwinden, aber nur einmal und nur für diesen einen Tag. Am zweiten Tag nach einer Völlerei darf schon wieder ganz normal gegessen werden.

Flexible Kontrolle

Seien Sie also nicht zu streng mit sich, aber sparen Sie zuerst überall dort Energie ein, wo es nicht wehtut. Das setzt voraus, dass man sich darüber klar wird, welche Ess-Bedürfnisse wirklich wichtig sind und erfüllt werden sollten und welche nicht. Hunger zum Beispiel ist ein so starkes Bedürfnis, dass man ihn stillen muss. Daran führt auf Dauer kein Weg vorbei. Man kann dem Körper so lebenswichtige Stoffe wie Eiweiß nicht vorenthalten, sonst rebelliert er, und es kommt langfristig zu ernsthaften Mangelerscheinungen. Aber braucht man heute wirklich eine Pizza? Könnte man nicht ohne Weiteres darauf verzichten, zugunsten eines Putenschnitzels? Brauche ich jetzt wirklich ein Stück Kuchen oder reicht auch eine Nektarine? Denken Sie nach, bevor Sie etwas kaufen, bestellen oder sich in den Mund stecken. Das muss kein Verzicht für die Ewigkeit sein, aber drei Wochen ohne Pizza können für übergewichtige Menschen schon eine ganz schöne Energieersparnis bringen.

Genauso wichtig ist es, die Essensmenge flexibel zu kontrollieren und dabei sensibel auf die wirklichen Bedürfnisse zu achten. Dabei kann man sich die Mechanismen des eigenen Körpers schlau zunutze machen! Wer sich auf das Essen konzentriert, isst zum Beispiel langsamer und futtert nicht mehr automatisch, denn das Gehirn beschäftigt sich mehr mit der Wahrnehmung des Essens als mit der reinen Handlung. Langsamer essen hat zur Folge, mit weniger Nahrung satt zu werden, weil sich das Sättigungsgefühl nach einiger Zeit auf jeden Fall einstellt, unabhängig davon, wie viel man bis dahin gegessen hat. Sehr wirkungsvoll ist es daher, während des Essens immer wieder den eigenen Magen zu fragen, ob er nicht schon satt ist. Dabei bedeutet »satt« schlicht »nicht mehr hungrig«, und nicht »vollgefressen«. Ein guter Trick ist es auch, sich zuerst eine kleine Portion zu nehmen und vor dem Nachschlag fünf Minuten zu warten. Manche stellen dann verblüfft fest, dass sie die zusätzliche Portion plötzlich gar nicht mehr brauchen. Nach der Mahlzeit schließlich sollte man dem Magen eine mindestens dreistündige Pause gönnen, bevor man erneut etwas zu sich nimmt. Auch er muss sich von der schweren Verdauungsarbeit erholen können.

besser essen-Tipp **Versuchungen meiden**

Wer keine Gelegenheit hat, zwischendurch zu essen, dem fällt es leichter, auf das Naschen zu verzichten und bis zur nächsten Mahlzeit zu warten. Horten Sie deshalb keine Süßigkeiten und Chips zu Hause. Geben Sie größeren Kindern nicht zu viel Taschengeld, damit sie sich keine Süßigkeiten kaufen. Wählen Sie Ihre Wege mit den Kindern so, dass sie an möglichst wenigen Versuchungen vorbeiführen. Machen Sie lieber einen Umweg durch den Park, als durch die Einkaufsstraße zu gehen. Planen Sie Ausflüge in die Natur anstatt in Freizeitparks, das ist billiger und hat weniger süße Verlockungen.

Wahre Wünsche

Finden Sie auch bei Ihren Kindern den Unterschied zwischen Hunger und Appetit heraus. Lernen Sie zu unterscheiden, was es bedeutet, wenn ein Kind Hunger äußert. Kann es wirklich hungrig sein oder hat es nur Lust auf etwas, das es vielleicht gerade gesehen hat? Ist ihm langweilig und sucht es Abwechslung? Vielleicht hat es Durst und braucht ein Glas Wasser, oder es ist erschöpft und benötigt Ruhe. Möchte das Kind wirklich etwas essen oder nur die Aufmerksamkeit von Mutter oder Vater? Gerade kleinere Kinder verstecken gerne andere Bedürfnisse hinter dem Wort Hunger, und es hilft ihnen dann nicht, wenn man das Pseudo-Bedürfnis mit Nahrung befriedigt. Das Kind wird erst dann zufrieden sein, wenn sein eigentlicher Wunsch erfüllt ist.

Frustabbau ohne Essen

Würde jeder nur dann essen, wenn er Hunger hat, und nur, solange der Hunger andauert – es gäbe kein Übergewicht auf der Welt. Das Problem entsteht erst dann, wenn aus anderen Gründen gegessen wird – aus Lust oder aus Frust, aus Langeweile oder bei Stress, aus Wut oder aus Traurigkeit.

Wieder einmal Streit mit dem Partner gehabt? Ein Raucher steckt sich dann eine Zigarette an, ein trinkfreudiger Mensch greift zum Alkohol, ein Übergewichtiger baut seinen Ärger mit Essen ab. Sohn oder Tochter haben bei der Mathearbeit versagt oder Ärger mit der Freundin? Da hilft ein schneller Schokoriegel, schließlich ist Schokolade auch Nervennahrung. Süßes eignet sich kurzfristig hervorragend als Frustkiller, doch auch andere Nahrungsmittel lösen unmittelbar angenehme Gefühle aus. Man fühlt sich satt, warm und zufrieden. Auch schlanke Menschen essen manchmal aus solchen Gründen. Sie kaufen sich ein Eis, weil sie sich über den Chef geärgert haben, sie knacken eine Tafel Schokolade, weil sie einen Strafzettel erhalten haben. Negative Gefühle verspürt jeder immer wieder. Es ist nur die Frage, wie man mit ihnen umgeht.

Wer sich im Klaren darüber ist, warum er selbst oder warum sein Kind ohne Hunger isst, kann an dieser Stelle ansetzen und sich Alternativen überlegen. Was könnte außer Essen gegen den Frust helfen? Man könnte zum Beispiel einen Freund oder eine Freundin anrufen und sich den Ärger von der Seele reden. Man könnte seine Lieblingsmusik hören oder sich ans Klavier setzen und selbst die Musik spielen, die den Frust auffängt. Wohl dem, der das kann! Wer gerne zeichnet oder malt, kann sich den Frust von der Seele zeichnen. Man könnte rausgehen und so lange auf einen Ball eindreschen, bis der schlimmste Ärger vorüberzieht, oder Holz hacken im Garten. Für jeden Typ und jedes Alter gibt es eine Reihe von Alternativen zum Frust-Essen, mit denen man sich mindestens genauso gut, wenn nicht besser abreagieren kann. Probieren Sie es aus, bei sich selbst oder bei den Kindern. Machen Sie mit ihnen kleine Verhaltensübungen. Wenn Ihr Kind die nächste unangenehme Erfahrung machen muss, lassen Sie es nicht essen. Fordern Sie es auf, es mit etwas anderem zu versuchen, und machen Sie einen konkreten Vorschlag. Besprechen Sie anschließend, ob es geholfen hat. Wenn nicht, probieren Sie beim nächsten Mal eine andere Möglichkeit. Wenn ja, machen Sie es beim nächsten Frust genauso, und schon haben Sie einen Weg für Ihr Kind gefunden, wie es sich anders abreagieren kann.

Alternativen bei Langeweile

Jede Art von Aktivität ist besser als Essen aus Langeweile. Wenn Sie wirklich gar nichts zu tun haben und nur mit der Chipstüte vor dem Fernseher sitzen, schalten Sie erst einmal aus und denken Sie kurz nach. Verspüren Sie nicht doch Energie in sich? Dann tun Sie etwas. Treiben Sie Sport, gehen Sie eine halbe Stunde spazieren, besuchen Sie Nachbarn, rufen Sie Freunde an oder kochen Sie. Steht eine Besorgung an? Dann erledigen Sie sie. Räumen Sie auf, putzen Sie Ihre Wohnung oder machen Sie einen Stadtbummel. Sind Sie müde? Dann nehmen

FREIZEIT

Ideen für Eltern, Kinder und Teenies

Zu jeder Jahreszeit gibt es eine Menge Möglichkeiten, in der Freizeit aktiv zu sein, sei es mit Freunden oder mit der Familie. Kinder und Jugendliche sollten jeden Tag eine Stunde ihrer freien Zeit aktiv verbringen.

Im Grünen

Nachmittags kann man mit den Kindern ins Grüne radeln oder zu Fuß gehen, unterwegs Blumen pflücken oder im Herbst Kastanien oder bunte Blätter sammeln. Hat man einen Garten, gibt es dort fast zu jeder Jahreszeit etwas zu tun, bei dem die Kinder meistens gerne mithelfen. Ein eigenes Beet macht besonders stolz, wenn die ersten Karotten oder Minitomaten wachsen. Wer keinen Garten hat, geht zur Erntezeit Obst pflücken auf einer der vielen Plantagen – das Obst ist frischer und preiswerter als aus dem Laden. Am Wochenende steht eine Radtour an, bei der man am Zielort eine kleine Schatzsuche organisieren kann. Teenies können eine Nachtwanderung mit Taschenlampen machen, und am Lagerfeuer lässt es sich ohne Eltern viel gemütlicher grillen als im Garten unter Aufsicht.

In der Stadt

Fast alle Kinder lieben Hof- und Gartenspiele wie Trampolinspringen, Gummitwist, Federball oder Korbball an der Garagenwand. Die meisten Spielgeräte sind preiswert und locken auch Kinder aus der Nachbarschaft an. Größere Kinder und Teenies fahren mit dem Fahrrad oder mit Inlineskates durch die Gegend, lernen Tricks mit dem Skateboard und bewundern die Profis in der nächstgelegenen Halfpipe.

Am Wasser

Am und im Wasser sind die Bewegungsmöglichkeiten fast unbegrenzt. Zum Schwimmbadbesuch aber bitte die Verpflegung mitnehmen! Es spart Geld und Kalorien, wenn Würstchen und Pommes nicht die Tagesverpfle-

gung sein müssen. Eine Wasserschlacht auf der Wiese mit Wasserpistolen oder -bomben ist ein Riesenspaß. Im Winter kann man Muscheln mit ins Hallenbad nehmen, die die Kinder aus der Tiefe heraufholen – natürlich nur, wenn es der Bademeister erlaubt. Teenies radeln im Sommer gerne an einen See. Dort können sie nicht nur schwimmen, sondern auch Wasserball spielen, Tretboot fahren oder mit der Luftmatratze paddeln.

Im Schnee

Sobald der erste Schnee fällt, ist eine Schneeballschlacht angesagt. Ruhigere Naturen bauen einen Schneemann oder ein Iglu. Dazu genügt fester Schnee und ein viereckiger Eimer, in dem sie die Blöcke formen können. Den nächstgelegenen Schlittenhügel kann man mit den verschiedensten Geräten hinuntersausen, und beim Wettrodeln haben mollige Kinder einen gewaltigen Vorteil: Sie sind die schnellsten!

Zu Hause

Bei schlechtem Wetter oder wenn es im Winter früh dunkel wird, sind Aktivitäten zu Hause am schönsten. Kinder werken gerne mit ihrem Vater im Keller und bauen ein Vogelhäuschen. Weniger handwerklich Veranlagte können in der Wohnung basteln oder sich in Geschicklichkeitsspielen üben. Bewegung auch für Größere bringt auch eine Kissenschlacht.

Sie ein entspannendes Bad, kochen Sie sich einen Tee und schmökern Sie vor dem Einschlafen noch ein wenig in einem Buch. Alles ist besser als essen!

Klagt Ihr Kind über Langeweile? Dann unternehmen Sie etwas mit ihm, anstatt es mit Süßigkeiten und Videos zu beschäftigen. Spielen Sie zusammen, lesen Sie ihm etwas vor, bauen Sie eine Burg, richten Sie das Puppenhaus neu ein, veranstalten Sie einen Familien-Filmabend anstelle der wahllosen Fernseh-Zapperei. Sie sind selbst viel zu beschäftigt und haben keine Zeit, mit Ihrem Kind zu spielen? Dann machen Sie ihm Vorschläge. Liegt nicht seit Weihnachten der Bausatz für das Modellflugzeug unangetastet im Regal und wartet darauf, endlich ausgepackt zu werden? Hat nicht die Oma bald Geburtstag und freut sich über ein selbst gemaltes Bild? Wenn die Kinder schon größer sind, schicken Sie den Sohn auf den Bolzplatz oder die Tochter zu ihrer Freundin, zusammen fällt ihnen schon etwas ein, was sie unternehmen könnten. Falls sich aber ein Kind partout nicht animieren lässt und anhaltend an Ihnen herumnörgelt, machen Sie ihm klar: Eltern sind keine Animateure, die es vor jeder Art von Langeweile bewahren müssen. Es muss auch lernen, Langeweile auszuhalten. Sie werden sich wundern, welch gute, kreative Ideen es aus Langeweile heraus entwickeln kann – außer essen.

Ausgepowert und keine Lust mehr auf gar nichts? Dann entspannen, loslassen und träumen – aber nicht essen!

Ein gutes Mittel gegen Essen aus Frust oder Langeweile ist auch ein Haustier. Optimal wäre ein Hund, denn er ist sehr auf den Menschen bezogen. Man kann mit ihm toben und schmusen, und der Hund muss ausgeführt werden, sorgt also für Bewegung im Freien bei jedem Wetter.

Liebe und Lob gegen Kummerspeck

Manche dicken Kinder ziehen sich gerne in ihr Zimmer und in sich selbst zurück, werden traurig und einsam und futtern deswegen immer mehr. Helfen Sie Ihrem Kind heraus aus dieser Falle! Nehmen Sie es in den Arm und fragen Sie es, was es gerne tun möchte. Unterstützen Sie es bei seinen Wünschen, auch wenn es Ihnen Mühe macht und auch, wenn Sie den Sinn im ersten Moment nicht erkennen können. Unterstützen Sie Ihr Kind bei Unternehmungen mit Freunden, um es sozial wieder mehr einzubinden. Freundschaften sind schon im Kindergarten wichtig und ab der Schulzeit zunehmend sogar wichtiger als die Eltern. Kinder müssen sich von Gleichaltrigen akzeptiert fühlen, wenn sie nicht vereinsamen wollen, und Eltern sollten das mit Rat und Tat fördern. Laden Sie andere Kinder zu sich ein, und geben Sie den Freunden Ihrer Kinder das Gefühl, bei Ihnen zu Hause willkommen zu sein.

Ein sehr einfaches, aber ganz wichtiges Mittel, um das Selbstbewusstsein eines jeden Menschen zu stärken, ist Lob. Es kostet nichts und ist sehr wirkungsvoll! Loben Sie Ihr Kind für alles, was es gut kann oder gut gemacht hat, auch wenn es Ihnen selbstverständlich erscheint und wenn Sie denken, dass es nicht der Rede wert ist. Hat Ihr Kind in der Küche geholfen? Wunderbar! Hat es für die Schule gelernt, seine Hausaufgaben sorgfältig gemacht? Prima! Hat es etwas ausgefressen und den Mut bewiesen, es zuzugeben? Großartig! Indem Sie Ihr Kind oft loben, üben Sie etwas ein, das Psychologen »positive Verstärkung« nennen. Natürlich darf man sein Kind auch gelegentlich tadeln, aber Erziehung mit Lob ist sehr viel wirkungsvoller! Dann macht es ihm viel mehr Spaß, auch künftig so zu handeln. Loben Sie Ihr Kind auch für alle gesunden Verhaltensweisen: für den Verzicht auf Schokoriegel, für jede Art von Aktivitäten, dafür, dass es eine ganze Portion Gemüse gegessen oder eine Idee für den Familienspeiseplan vorgeschlagen hat. Aber loben Sie es nicht dafür, dass es seinen Teller leer gegessen hat, das wäre das falsche Signal. Loben Sie es auch nicht dafür, dass es abgenommen hat. Sie laufen sonst Gefahr, es in eine Ess-Störung hineinzureden, und Sie wollten ja nicht vom Regen in die Traufe kommen.

Sorgen Sie dafür, dass Ihr Kind nach und nach wieder ein positiveres Verhältnis zu seinem Körper bekommt. Die meisten dicken Kinder haben zu ihrem Körper keinen realistischen Bezug. Entweder sie schließen die Augen vor der Wirklichkeit oder sie lehnen ihren Körper ab. Lenken Sie deshalb seine Aufmerksamkeit auf seine körperlichen Pluspunkte: Schönes Haar, ein süßes Gesicht und schöne Augen sind eine Erwähnung wert! Auch jede Art von Bewegung stärkt das Körpergefühl und hilft, sich selbst besser wahrzunehmen.

Die richtigen Belohnungen

Abgesehen davon, dass Sie Ihr Kind loben, dürfen Sie es gerne auch für alle guten Taten belohnen, aber bitte nicht mit etwas Essbarem. Wenn Ihre Tochter ein wenig abgenommen hat, gehen Sie mit Ihr eine neue Jeans oder eine neue Bluse einkaufen. Machen Sie mit Ihrem Sohn eine Radtour oder kicken Sie eine Runde mit ihm, und freuen Sie sich gemeinsam über die gewonnene Beweglichkeit!

Ein großer Ansporn könnte zum Beispiel ein Sammelsystem sein, in dem jedes Kind Punkte ansammeln kann, zum Beispiel für Hilfe im Haushalt, für gutes Lernen oder für den Verzicht auf Chips. Man kann zu Beginn gemeinsam festlegen, für welche erledigten Aufgaben oder lobenswerte Taten es wie viele Punkte gibt und mit welcher erreichten Punktzahl welche Belohnung zu »verdienen« ist. Natürlich steht es den Eltern frei, zwischendurch extra Punkte für besondere Leistungen zu vergeben. Schöne und gesunde Belohnungen sind gemeinsame Aktivitäten, nicht das Extra-Eis oder das Extra-Würstchen! Fragen Sie Ihre Kinder vorher, was sie sich wünschen. Und staffeln Sie die Belohnungen danach, was in Ihrer Familie besonders knapp ist.

Zeit verschenken

Haben die Eltern im Alltag nur wenig Zeit, dann sind lange Unternehmungen ein besonders großer Anreiz, zum Beispiel ein Familienwochenende in den Bergen oder an einem See. Ist die Familie groß und sind im Alltag viele Interessen unter einen Hut zu bringen, kann ein ganzer Tag mit dem Papa allein in der Natur für Ihr Kind das großartigste Erlebnis seit langem sein. Hat die Familie wenig Geld und sehnen sich die Kinder daher nach neuem Spielzeug oder nach bestimmten Kleidungsstücken, darf je nach finanziellen Möglichkeiten auch dies eine große Belohnung sein. Jede Familie kann sich ihr eigenes Punktesystem ausdenken. Es sollte nur darauf hinauslaufen, dass eine große Belohnung erst nach einiger Zeit zu verdienen ist.

Und falls Sie selbst einen Erfolg zu feiern haben, weil Sie es zum Beispiel geschafft haben, 5 Kilogramm abzunehmen – gönnen auch Sie sich etwas! Belohnen Sie sich selbst, mit allem, was Ihnen Freude macht. Kaufen Sie sich etwas Neues zum Anziehen, gehen Sie ins Dampfbad oder in die Oper, oder öffnen Sie eine Flasche Sekt und stoßen Sie mit Ihrem Partner auf den Erfolg an. Es darf sogar ein dreigängiges Menü sein, aber bitte ein leichtes.

Etappenziele setzen

Lob und Belohnungen sind ein sehr starkes Mittel, um sich und andere zu motivieren, aber nicht das einzige. Sehr wirksam für Erwachsene und größere Kinder ist es auch, Fortschritte zu dokumentieren, also eine Art Erfolgsplan anzulegen. Dazu braucht man zunächst eine Zielvorgabe, an der man Erfolge messen kann: Nehmen Sie sich dafür ein Blatt Papier und schreiben Sie auf, was Sie eigentlich erreichen wollen. Die meisten werden zunächst etwas schreiben wie »20 Kilogramm abnehmen«, was ein sehr hohes und fernes Ziel ist. Machen Sie sich jetzt Gedanken, welche Wege Sie dahin gehen können, und formulieren Sie konkrete Einzelziele, wie »Ich möchte lernen, wie man leichte Suppen selbst kocht«, oder »Ich möchte zweimal pro Woche zum Walken gehen«. Solche Etappenziele sind nicht so schwer zu erreichen und verschaffen vor allem schnellere Erfolgserlebnisse, als nur ein einziges fernes Ziel irgendwo hinter dem Horizont anzusteuern. Schreiben Sie deshalb nur solche Ziele auf, die Sie aus eigener Kraft erreichen können, also nicht »Mein Mann braucht ein höheres Gehalt, damit wir mehr Biolebensmittel kaufen können«. Solche Dinge haben Sie nicht selbst in der Hand, lassen Sie sie deswegen weg.

Lob für ein selbst gemaltes Bild stärkt das Selbstbewusstsein und macht Mut für weitere Aktivitäten.

Als Nächstes schreiben Sie auf, wie Sie Ihre Etappenziele erreichen wollen, zum Beispiel indem Sie sich nach Schwimmkursen erkundigen, eine feste Zeit für das Abendessen in der Familie einführen oder jeden zweiten Tag beim Gemüsehändler einkaufen. Vermutlich haben Sie am Ende ein sehr voll geschriebenes Blatt, in das Sie im nächsten Schritt etwas Ordnung bringen.

Kleine Mutmacher

Schauen Sie sich alles in Ruhe noch einmal an und stellen Sie sich dann zwei Fragen: Was ist das Wichtigste?, und: Was ist das Einfachste? Markieren Sie beides mit verschiedenen Farben und schreiben Sie eine Eins daneben. Markieren Sie dann das zweitwichtigste und das zweiteinfachste Vorhaben auf die gleiche Weise, dann das dritte und so weiter. Das sieht dann bunt und wild aus, aber schließlich bekommen Sie zwei sehr praktikable Prioritätenlisten, eine Wichtigkeitsliste und eine Machbarkeitsliste. Wenn Ihnen das erste Blatt zu unübersichtlich geworden ist, listen Sie Ihre Vorhaben noch einmal der Reihe nach auf. Beide Listen arbeiten Sie nun von oben herunter ab. Fangen Sie mit der Wichtigkeitsliste von oben an und benutzen Sie die Machbarkeitsliste nebenher als Mutmacher. Wenn Sie nämlich auf Ihrem Weg zu den wichtigen Zielen gerade nicht weiterkommen, dann nehmen Sie sich etwas Einfaches von der anderen Liste vor. Das verschafft schnellere Erfolgserlebnisse und lässt die Kraft für die wichtigen Ziele nicht schwinden.

Sollten Sie ein Ziel für sich formuliert haben, von dem Sie überhaupt keine Ahnung haben, wie Sie es erreichen können, holen Sie sich Rat. Fragen Sie erfahrene Menschen oder professionelle Berater, welchen Sport Sie etwa Ihrem übergewichtigen Sohn empfehlen sollen oder wie Sie sich gegenüber Ihrer pubertierenden Tochter verhalten können.

Am Ball bleiben

Lassen Sie sich nicht entmutigen, wenn nicht alles auf Anhieb klappt. Auf jedem Weg gibt es Hindernisse, überall lauern Misserfolge, und dazu kommt noch die demotivierende innere Stimme, die immer wieder zweifelt. »Das schaffe ich nie«, sagt sie gerne, oder »Lass bleiben, das ist doch viel zu anstrengend«. Manchmal ist sie auch ängstlich und mutlos: »Oje, wenn ich das mache, blamiere ich mich bis auf die Knochen.« Papperlapapp! Diese Stimme hilft Ihnen nicht weiter, sie ist der große Verhinderer. Hören Sie künftig nicht mehr auf sie.

Gehen Sie unbeirrt Ihren Weg und kehren Sie nicht um, bloß weil sich der ersehnte Erfolg nicht schnell genug einstellt. Vertrauen Sie darauf, dass sich schon etwas ändern wird, wenn Sie die ersten Schritte gegangen sind. Achten Sie auf die Möglichkeiten, die sich unterwegs bieten, und hören Sie auf die andere, die motivierende innere Stimme: »Du schaffst das. Komm, trau dich, das klappt schon!« Intensivieren Sie den Kontakt zu motivierenden Freunden und treffen Sie die Zweifler etwas seltener. Machen Sie sich immer wieder den Gewinn deutlich, den Sie haben, wenn Sie ein Etappenziel erreichen, und nehmen Sie Rückschläge mit Humor. Wenn Sie möchten, schreiben Sie sich nach und nach eine dritte Liste mit Ihren gescheiterten Vorhaben, unter der Überschrift »Das kriegen wir einfach nicht auf die Reihe«. Dann eben nicht. Es gibt so viele Wege, man muss nicht jeden einzelnen von vorne bis hinten gehen.

Zusammen besser essen

All dies umzusetzen fällt leichter, wenn man es nicht alleine tun muss, sondern ein Team bildet. Machen Sie ein Familienprojekt aus dem Vorhaben, fortan besser zu essen und schlanker zu werden. Besprechen Sie gemeinsame Ziele und auch die Wege dorthin, die Sie ausprobieren möchten und die Sie in Ihrer Situation für praktikabel halten. Jede Familie hat ihre eigenen Stärken und Schwächen – bauen Sie auf Ihre Stärken und nutzen sie diese, wo immer Sie können. Erstellen Sie gemeinsam einen Plan. Führen Sie neue Regeln ein, die Sie gemeinsam für sinnvoll erachten und die für alle gelten. Und schaffen Sie sich bestimmte Routinen im Alltag, die Ihnen das Durchsetzen der Regeln vor allem bei den Kindern sehr erleichtern werden.

Halten Sie regelmäßig, zum Beispiel sonntags, einen kurzen Familienrat. Sprechen Sie dabei über die vergangene Woche, was gut und was weniger gut gelaufen ist, was sich bewährt hat und was schwierig war. Überlegen Sie dann gemeinsam, welche Aktivitäten Sie sich in den kommenden Tagen vornehmen und was es zu essen geben soll. Kinder dürfen und sollen dazu selbstverständlich Vorschläge machen. Entscheiden dürfen sie aber nicht über den Speiseplan, denn dabei geht es nicht nur nach Geschmack, sondern auch nach den Regeln für Vielfalt und gesunde Ernährung. Beziehen Sie die Wünsche aller Familienmitglieder mit ein, und wenn keine Vorschläge kommen, kochen Sie, was Ihnen selbst schmeckt. Wer kocht, ist der Chef!

besser essen-Tipp: Ein Verbündeter

Ein Mensch, der immer ein offenes Ohr hat, der die eigenen Probleme und Geheimnisse kennt und der den Weg in das schlankere Leben mitgeht – so ein Verbündeter kann Wunder wirken. Das kann ein professioneller Coach sein, ein Freund, eine Freundin oder ein Mitstreiter, der dasselbe Ziel hat. Für Kinder eignen sich alle, die gleich alt oder älter sind und zu denen sie Vertrauen haben. Erwachsene können Gleichgesinnte auch in Selbsthilfegruppen finden. Mit einem solchen Verbündeten freut man sich stärker über Erfolge, packt Vorhaben leichter an und meistert schwierige Zeiten besser als alleine.

Rituale und Routinen

Es spricht eine Menge dafür, die Dinge, die sich eine Familie vornimmt, gleich als Routinen festzulegen. Rituale machen den Alltag einfach und überschaubar und sie sparen jede Menge Diskussionen. Sie geben vor allem Kindern Halt und Orientierung. Wie nervtötend und energiezehrend wäre es, die Kinder immer wieder zum Zähneputzen zu bewegen, wenn man nicht eines Tages das Ritual eingeführt hätte, es einfach jeden Morgen und jeden Abend vor dem Schlafengehen zu tun. Genauso ist es mit anderen Tätigkeiten auch. Alltägliche Handgriffe erledigen Eltern und Kinder automatisch, man vergisst sie nicht und muss sich keine Merkzettel schreiben. So vereinfachen Rituale das Miteinander und sparen enorm viel Zeit. Überlegen Sie also, welche neuen Rituale Sie einführen möchten, um Ihren persönlichen »Besser-Essen-Weg« zu gehen.

Vielleicht machen Sie den Montag zum Einkaufstag, dann weiß jeder in der Familie, dass er seine Wünsche bis dahin äußern sollte. Andernfalls muss er wieder eine Woche warten. Ist am Mittwoch Wochenmarkt, dann können Sie für diesen Tag Zeit für einen Einkauf fest einplanen. Zum Ritual können auch Kinderbesorgungen erklärt werden, zum Beispiel kleine Dienste für die Tochter am Montag und am Donnerstag, am Dienstag und Freitag für den Sohn. Probieren Sie aus, welche Regeln für Sie praktikabel sind, aber halten Sie sich eine Zeit lang daran, denn alles Neue braucht eine gewisse Gewöhnung, bevor man ein endgültiges Urteil fällen kann.

Zu Tisch!

Die wichtigste Regel: Es gibt drei feste Mahlzeiten an jedem Tag. Sicher werden nicht alle Familienmitglieder bei allen Mahlzeiten dabei sein können, das erlauben die jeweiligen Terminkalender meistens nicht. Dennoch sollten die Mahlzeiten nach Möglichkeit stattfinden. Das gemeinsame Essen zu einem zuverlässigen Zeitpunkt erleichtert es enorm, zwischendurch auf Zusatzmahlzeiten zu verzichten. Wer weiß, dass es in einer halben Stunde Abendessen gibt, kann sich mit einem Snack leichter zurückhalten. Frühstückszeit und Mittagessen werden sich vermutlich nach den Arbeitszeiten der Eltern und nach den Schulzeiten der Kinder richten. Das Abendessen sollte relativ früh stattfinden, sodass auch kleinere Kinder anschließend noch zwei Stunden Zeit zur Entspannung haben, bevor sie schlafen gehen.

Wenn der Hauptkoch oder die -köchin berufstätig ist und es nicht schafft, mittags zu kochen, kann man den Kindern für das Mittagessen etwas vorbereiten – entweder Reste vom Abendessen, die sie sich aufwärmen können, oder eine kleine Mahlzeit, die man vorher vorbereiten kann.

Außerhalb der Mahlzeiten sollte es keine Selbstbedienung der Kinder mehr geben, weder am Kühlschrank noch bei anderen Vorräten außer Obst. Wer etwas anderes möchte, muss fragen.

Immer der Reihe nach

Ein fester Ablauf bei Tisch hilft, die Mahlzeiten zu strukturieren. Jeder wartet, bis alle sitzen, erst dann wird das Essen aufgetragen. Das schafft ein Minimum an Erwartung auf das, was gekocht wurde, und damit auch Respekt gegenüber der Arbeit des Kochs oder der Köchin.

Damit sich dann aber nicht jeder auf jenen Teil der Mahlzeit stürzt, der ihm am besten schmeckt, ist eine gewisse Speisefolge sinnvoll. Ein guter Ablauf im Sinne von »Besser Essen« ist, zuerst ein Glas Wasser zu reichen, das füllt den Magen etwas und reduziert den Hunger. Anschließend sollte es als Vorspeise einen Salat oder etwas Rohkost mit Dip geben. So essen auch Kinder ihre Portion meistens auf und müssen während des Essens nicht dazu ermahnt werden, wogegen Salat als Beilage gerne stehen gelassen wird. Erst danach folgt das Hauptgericht, von dem jeder eine angemessene, aber eher kleine Portion bekommt. Lieber einen Nachschlag nehmen, als sich den Teller zu voll zu häufen.

Spaß in der Küche

Viele Frauen begreifen das Kochen als eine lästige Alltagspflicht, der sie wohl oder übel nachkommen müssen. Das ist schade, denn erstens würde es vielleicht auch einmal dem Vater oder einem größeren Kind gefallen zu kochen, was die Mutter entlasten könnte. Zweitens gerät die Küche so schnell zu einem einsamen Arbeitsplatz. Aber es geht auch anders: Regen Sie an, sich beim Kochen abzuwechseln, aber seien Sie nicht zu kritisch, wenn die erste Mahlzeit des neuen Kochs eher schlicht ausfällt. Hauptsache, er wagt sich überhaupt daran! Beziehen Sie die Kinder so oft und so früh wie möglich in die Essenszubereitung mit ein. Kleine Kinder dürfen rühren, größere Zutaten schneiden, noch größere selbst würzen. Ab dem Alter von etwa zehn Jahren dürfen Kinder alleine und selbstständig eine Salatsauce zubereiten oder unter Aufsicht eine Sauce.

Kochen Sie ab und zu gemeinsam und verteilen Sie die Aufgaben, die dabei anfallen. So macht die Küchenarbeit gleich viel mehr Spaß und fördert den Ehrgeiz aller, etwas Gutes hervorzuzaubern. Hören Sie beim Kochen vielleicht auch Musik, denn dabei kommt meistens gute Laune auf und die Koch-Session wird zum Familienerlebnis. Laden Sie regelmäßig Gäste ein, kleine und große, und kochen Sie zusammen mit guten Freunden. Versuchen Sie so, das Kochen als lästige Pflicht loszuwerden und es zu einem kreativen Spaß zu machen.

Einfach anfangen

An einem jedoch führt kein Weg vorbei: Wer abnehmen will, muss sich entschließen, damit anzufangen. Es gibt einen Unterschied zwischen »Ich sollte eigentlich ...« und »Ich will ...«, nämlich den zwischen einem guten Vorsatz und einer wirklichen Entscheidung. Gute Vorsätze geben Menschen meistens sehr schnell wieder auf, weil sie nicht echt sind. Fragen Sie sich also, was Sie wirklich wollen und ob Sie es wirklich wollen. Wenn sich sich dazu entschieden haben, dann fangen Sie an. Jetzt. Jeder für sich und Eltern für ihre Kinder. Nur Mut! Da es weder um Verzicht noch um Diät geht und da der »Besser-Essen-Weg« nichts mit Selbstquälerei zu tun hat, wird er tatsächlich möglich. Klar, man muss einige Gewohnheiten ändern, doch was gibt man dafür auf? Doch meistens nur das Unglücklichsein. Wollen Sie also so weitermachen wie bisher oder wollen Sie Ihr Leben in die Hand nehmen? Sagen Sie nicht, ich habe keine Wahl. Jeder hat die Wahl zwischen Tun und Lassen. Der Unterschied zwischen Erfolg und Misserfolg liegt nicht im Planen, sondern im Tun, also fangen Sie an. Legen Sie Schritt für Schritt Ihre schlechten Essgewohnheiten ab und üben Sie die neuen ein. Dabei ist jede Mahlzeit ein kleiner Schritt auf dem Weg in das schlankere Leben. Und mit der Zeit werden die neuen Gewohnheiten immer vertrauter, und irgendwann werden Sie sich fragen, warum es jemals anders war.

Schon beim nächsten Einkauf können Sie anfangen, Verantwortung für die Ernährung der Familie zu übernehmen.

FAMILIEN-CHECK Was läuft bei uns schief?

In vielen Familien, in denen Eltern oder Kinder übergewichtig sind, gibt es ähnliche Verhaltensmuster: die Rolle, die das Essen in einer Familie spielt, der Umgang mit den Mahlzeiten und die Art, wie die Freizeit verbracht wird. All dies ist aber auch entscheidend dafür, wie gesund der Lebensstil der Familie ist und was jeder auf die Waage bringt.
Dieser Test hilft zu erkennen, wie sehr sich dick machende Verhaltensmuster schon in der Familie eingeschlichen haben. Jeder kann den Test für sich machen und auswerten. Spannend ist außerdem auch, wie unterschiedlich die Antworten in einer Familie ausfallen können. Vergleichen Sie also Ihre Testergebnisse mit denen der Kinder und reden Sie über Ihre Einschätzungen. Auf jede Frage bitte eine Antwort geben. Wenn keine Antwort so richtig zutrifft, bitte die zutreffendste Antwort auswählen.

1. Gibt es jeden Tag eine gemeinsame Familienmahlzeit?
- a Ja, manchmal auch mehrere
- b Nein
- c Manchmal

2. Wie oft in der Woche machst du / machen Sie Sport oder bewegst du dich (mindestens eine halbe Stunde lang)?
- a Gar nicht
- b Ein- bis zweimal
- c Mehr als zweimal

3. Wie viel Freizeit verbringen Eltern und Kinder aktiv miteinander, also mit Sport, Spielen oder gemeinsamen Unternehmungen?
- a Weniger als 1 Stunde pro Woche
- b 1 bis 5 Stunden pro Woche
- c Mehr als 5 Stunden pro Woche

4. Wie oft sprichst du mit deinen Eltern / sprechen Sie mit Ihren Kindern über persönliche Dinge?
- a (Fast) jeden Tag
- b Ungefähr einmal pro Woche
- c Ganz selten

5. Wie oft isst du in deinem Zimmer / essen Sie alleine?
- a Höchstens mal eine kleine Zwischenmahlzeit
- b Ab und zu auch mal eine Fertigpizza oder eine andere Mahlzeit
- c Jeden Tag

6. Wer kocht in der Familie?
- a Die Mutter (oder der Vater)
- b Das ist verschieden
- c Niemand. Jeder macht sich etwas warm, wenn er Hunger hat

7. Kannst du / können Sie noch genau auflisten, was du / was Sie gestern gegessen haben und wie es geschmeckt hat?
- a Klar, und das meiste war lecker
- b Wenn ich lange nachdenke, vielleicht
- c Keine Ahnung

8. Dürfen Kinder in der Familie jederzeit an alle Essensvorräte?
- a Ja, wenn man Hunger hat
- b Nur an die Knabbereien und die Süßigkeiten
- c Nur an Obst und Gemüse

9. Wann gibt es etwas Süßes?
- a Eigentlich immer, wenn die Kinder wollen
- b Einmal am Tag oder seltener
- c Wenn ein Kind etwas besonders gut gemacht hat

10. Wie ist die Stimmung am Esstisch?
- a Ziemlich angespannt
- b Meistens lustig. Jeder erzählt, was er erlebt hat
- c Wir haben keinen Esstisch

11. Wie wird zu Hause gekocht?
- a Traditionell üppig mit viel Fleisch und in großen Portionen
- b Ziemlich gesund, es gibt jeden Tag Salat oder Gemüse
- c Hauptsache, es geht schnell und ist nicht so teuer

12. Wo kauft ihr ein?
- a Einmal pro Woche Großeinkauf im Supermarkt
- b Ab und zu einen großen Einkauf und dazu öfter frisch beim Bäcker, Metzger oder Gemüseladen
- c So oft es geht, auf dem Markt, im Bioladen oder beim Bauern

13. Was kauft ihr ein?
- a Nach Einkaufszettel
- b Meistens die Sonderangebote
- c Wir gehen hin und kaufen, worauf wir Lust haben

14. Was geht bei euch / bei Ihnen zu Hause nie aus?
- a Obst
- b Knabbersachen und Süßes
- c Bei uns fehlt oft etwas

15. Welche Erfahrung hat die Familie mit Diäten?
- a Bei uns macht ständig irgendjemand eine Diät
- b Einer von uns hat schon mal eine gemacht
- c Noch gar keine

16. Essen ist ...
- a ... was Schönes
- b ... oft Zeitvertreib
- c ... ein schreckliches Thema

17. Süßigkeiten sind ...
- a ... oft eine Belohnung
- b ... die Ausnahme
- c ... immer gut, solange es nicht zu viel wird

18. Salat und Gemüse ...
- a ... gehören dazu
- b ... kann man auch durch Vitaminzusätze ersetzen
- c ... ist gesund, aber ich mag es nicht / die Kinder mögen es nicht

19. Abends....
- a ... schaut jeder fern und isst etwas
- b ... reden und spielen wir zusammen
- c ... essen wir zusammen, und danach gibt es kein festes Programm

20. Schokolade ist ...
- a ... ein Frustkiller
- b ... Nervenfutter
- c ... etwas super Leckeres

21. Wenn ich zu viel gegessen habe ...
- a ... höre ich auf
- b ... esse ich am nächsten Tag weniger
- c ... esse ich weiter, weil es dann sowieso egal ist

22. Meine Freunde ...
- a ... mögen mich
- b ... akzeptieren mich, auch wenn ich ein bisschen zu viel wiege
- c ... ich habe eigentlich keine richtigen Freunde

23. Die Dinge, die ich gerne tun würde ...
- a ... tue ich eigentlich auch
- b ... erlauben meine Eltern nicht
- c ... mache ich mal, wenn ich dafür Zeit habe

24. Wie kommst du / wie kommen die Kinder in die Schule?
- a Zu Fuß oder mit dem Fahrrad
- b Mit öffentlichen Verkehrsmitteln
- c Die Eltern fahren die Kinder mit dem Auto zur Schule

AUSWERTUNG Was bei uns schiefläuft

Antwortmöglichkeiten und Punkte

1a	1b	1c	13a	13b	13c
0 Pkt.	2 Pkt.	2 Pkt.	0 Pkt.	2 Pkt.	1 Pkt.
2a	2b	2c	14a	14b	14c
2 Pkt.	1 Pkt.	2 Pkt.	0 Pkt.	2 Pkt.	2 Pkt.
3a	3b	3c	15a	15b	15c
2 Pkt.	1 Pkt.	0 Pkt.	0 Pkt.	2 Pkt.	2 Pkt.
4a	4b	4c	16a	16b	16c
0 Pkt.	1 Pkt.	2 Pkt.	0 Pkt.	2 Pkt.	2 Pkt.
5a	5b	5c	17a	17b	17c
0 Pkt.	1 Pkt.	2 Pkt.	2 Pkt.	0 Pkt.	0 Pkt.
6a	6b	6c	18a	18b	18c
0 Pkt.	1 Pkt.	2 Pkt.	0 Pkt.	2 Pkt.	1 Pkt.
7a	7b	7c	19a	19b	19c
0 Pkt.	0 Pkt.	2 Pkt.	2 Pkt.	1 Pkt.	1 Pkt.
8a	8b	8c	20a	20b	20c
2 Pkt.	2 Pkt.	0 Pkt.	2 Pkt.	0 Pkt.	1 Pkt.
9a	9b	9c	21a	21b	21c
2 Pkt.	0 Pkt.	1 Pkt.	0 Pkt.	0 Pkt.	2 Pkt.
10a	10b	10c	22a	22b	22c
1 Pkt.	0 Pkt.	2 Pkt.	0 Pkt.	0 Pkt.	2 Pkt.
11a	11b	11c	23a	23b	23c
1 Pkt.	0 Pkt.	2 Pkt.	0 Pkt.	2 Pkt.	1 Pkt.
12a	12b	12c	24a	24b	24c
1 Pkt.	0 Pkt.	0 Pkt.	0 Pkt.	1 Pkt.	2 Pkt.

Auswertung nach Punkten

» Weniger als 22 Punkte:
Wunderbar! In dieser Familie lebt man im Großen und Ganzen gesund. Das gilt jedenfalls für denjenigen, der den Test gerade gemacht hat. Vermutlich hat er oder sie kein oder kaum Übergewicht, und das Risiko, dick zu werden, ist gering. Ernährung, Bewegung und gemeinsame Aktivitäten sind in einem guten Verhältnis, auch wenn man sich hier oder da nicht ganz vorschriftsmäßig verhält. Schließlich hat jeder seine kleinen Schwächen, und keiner muss päpstlicher sein als der Papst. Wer es noch besser machen möchte, schaut bei den Fragen nach, bei denen er/ sie zwei Punkte gesammelt hat. Bei den hier abgefragten Bereichen besteht vielleicht noch Verbesserungsbedarf.

Jungen lieben elektronisches Spielzeug oft mehr als Mädchen. Eltern sollten die tägliche Spielzeit aber begrenzen.

Chips bei der Lieblings-Soap: Das ist supergemütlich, sollte aber die Ausnahme bleiben. Besser wäre fernzusehen ohne Snacks und noch besser, abends mit der ganzen Familie ein Spiel zu machen.

» 22 bis 24 Punkte:

Na ja. Hier läuft schon das eine oder andere nicht ganz so, wie es laufen könnte. Möglicherweise zeichnet sich schon der eine oder andere Speckring ab. Das Risiko für Übergewicht ist jedenfalls vorhanden. Sehen Sie sich jetzt einmal an, bei welchen der Antworten Sie viele Punkte gesammelt haben – bei den Familienmahlzeiten oder bei den gemeinsamen Aktivitäten, bei der Einstellung zum Essen oder bei alltäglichen Gewohnheiten? Das sind die Knackpunkte. Vergleichen Sie Ihre Antwort mit den anderen Antwortmöglichkeiten, die weniger Punkte bringen. So finden Sie heraus, wo etwas schiefläuft. Je nachdem, bei welchen Fragen Sie also die doppelten Punkte erhalten haben, sollten Sie versuchen, die sich dahinter verbergende Gewohnheit loszuwerden. Wie das funktioniert, können Sie in diesem Buch nachlesen. Danach sollten Sie in der Familie gemeinsam überlegen, was Sie verändern möchten. Nutzen Sie das Ergebnis dieses Tests und beginnen Sie schon bald damit, die lieb gewonnenen Gewohnheiten wieder loszuwerden! Es lohnt sich auf jeden Fall, Sie werden sich schon bald besser und viel aktiver als bisher fühlen!

» Mehr als 24 Punkte:

Ups! Da läuft schon einiges in die falsche Richtung, und vermutlich kann man das auch auf der Waage sehen. Gehen Sie noch einmal Frage für Frage durch. Alle Antworten, die zwei Punkte gebracht haben, zeigen Ihre Schwachstellen. Hier anzusetzen würde sich am meisten lohnen.
Lassen Sie den Test doch auch von den anderen Familienmitgliedern machen und vergleichen Sie Ihre Ergebnisse. Haben nur Sie so viele Punkte oder die anderen auch? Wenn nur einer mit seinen Punkten ausgerutscht ist, ist es Zeit, mit ihm oder ihr zu reden und zu überlegen, was man verändern könnte. In diesem Buch gibt es dafür jede Menge Informationen und Ratschläge. Hat die ganze Familie einen hohen Punktestand erreicht, ist Zeit für einen Familienrat. Diskutieren Sie gemeinsam, was Sie verändern wollen.
Vielleicht sollten Sie nicht nur dieses Buch aufmerksam lesen, sondern auch den ersten Band von ›Besser Essen‹, in dem es viele grundlegende Informationen über Ernährung, Einkaufen und den Umgang mit dem allgegenwärtigen Überangebot an Nahrungsmitteln gibt. Gehen Sie es noch heute an!

So kommt Bewegung in die Familie

Molligen Menschen fällt jede Art von Bewegung im wahrsten Sinne des Wortes schwerer als Schlanken – das geht Kindern nicht anders als Erwachsenen. Schließlich schleppen sie eine ganze Menge zusätzliches Gewicht mit sich herum. Schlanke Menschen können sich oft nicht vorstellen, was das bedeutet. Wer jedoch schon einmal Trainingsgewichte in der Hand gehalten oder am Körper getragen hat und das Gefühl kurzzeitig kennengelernt hat, muss sich dies nur als Dauerzustand vorstellen, um sich in übergewichtige Mitmenschen hineinzuversetzen. Man kann sich dann leicht vorstellen, dass mollige Kinder und Erwachsene zu Bewegungsmuffeln werden. Kein Wunder, dass sie dann der Trägheit verfallen, und sie leicht in den Bann von Fernseher oder Computer gezogen werden, den größten Bewegungsblockern unserer Zeit. Fatal für die Gesundheit, für die Fitness und für das Gewicht!

Deswegen ist mehr Bewegung neben einer guten Ernährung der zweite, ganz wichtige Schritt auf dem Weg in ein schlankeres Dasein. Doch wo und wie damit beginnen? Wie den inneren Schweinehund überwinden, wenn doch alles so schwerfällt?

Was wäre, wenn ...

Denken Sie einmal darüber nach, welches Selbstbild Ihnen besser gefällt: Möchten Sie ein fauler Sack auf dem Sofa sein, wie das Besser-Essen-Team das einer dicken Familie einmal drastisch vor Augen geführt hat, oder lieber ein flinkes Wiesel, das über die Wiese rennt? Was sagen Ihre Kinder dazu? Sprechen Sie darüber und schaffen Sie sich Selbstbilder von einer anderen Zukunft, denn sie können helfen, die ersten Schritte in ein bewegteres Leben zu gehen. Die meisten Mädchen möchten tanzen und herumspringen können wie ihre schlankeren Mitschülerinnen. Für Jungen ist es oft besonders wichtig, in der Gruppe anerkannt zu

Kinder sollten zwei Stunden täglich in Bewegung sein, egal ob draußen oder drinnen.

werden, vielleicht zu einer Mannschaft in einem Sportverein zu gehören und sich dort zu bewähren. Überlegen Sie gemeinsam, wie Sie solche Wünsche erfüllen können. Und schon kann es losgehen. Schieben Sie aufkommende Zweifel beiseite und überlassen Sie sich nicht dem fatalen Glauben, dass Sie es sowieso nicht schaffen. Fangen Sie langsam an und beginnen Sie nicht allzu ehrgeizig. Mehr Bewegung ins Leben zu bringen muss nicht gleich bedeuten, von einem Tag auf den anderen zum Supersportler zu werden. Gerade für dicke Kinder ist Bewegung im Alltag und in der Freizeit am Anfang schon genug Aktivität.

Es muss nicht immer Sport sein

Nach dem Vorbild der Ernährungspyramiden, die angeben, welche Lebensmittel in welchen Maßen gesund sind, geben Experten nun auch ähnliche

Empfehlungen zur Bewegung bei Kindern. Sie sollen zeigen, wie viel von welcher Bewegungsart für Kinder empfohlen wird. Das Überraschende daran: Sport ist gar nicht so wichtig. Viel bedeutsamer ist, wie lange Kinder sich täglich in ihrer Freizeit bewegen und noch wichtiger, wie viel im Alltag. Der wichtigste Bewegungsfaktor im Leben von Kindern und auch von Erwachsenen sind einfachste alltägliche Aktivitäten, die viele gar nicht als solche wahrnehmen, die kaum anstrengen und bei denen man nicht aus der Puste kommt.

Zwei Stunden täglich, so raten Fachleute, sollten Kinder körperlich aktiv sein. 30 Minuten davon empfehlen sie als Sport, idealerweise verteilt auf zwei Einheiten zu 15 Minuten. Darunter fällt Sport im Verein oder in der Schule und auch alle Anstrengungen, bei denen die Kinder ins Schwitzen kommen. Intensives Fangspiel wird zum Beispiel auch als Sport gezählt. Eine Stunde täglich füllen sollen Freizeitaktivitäten, wie draußen Spielen, Hüpfen, Laufen oder Fahren mit jeglicher Art von Bewegungsmittel. Den Löwenanteil der Aktivitäten, die an der Basis der Bewegungspyramide dargestellt werden, sollen Alltagsbewegungen ausmachen, zum Beispiel zu Fuß zur Schule gehen, Wege mit dem Rad zurücklegen, mit dem Hund spazieren gehen oder im Haushalt helfen. Die Fachleute empfehlen, dass Kinder diese einfachen Aktivitäten mehr als eine Stunde lang täglich ausüben.

Wenn man alles zusammenrechnet, klingt das zunächst viel und wird vor allem von übergewichtigen Familien nicht gleich umsetzbar sein. Das muss es auch nicht. Jeder Kompromiss ist in Ordnung, wenn er in die richtige Richtung weist, also hin zu mehr Bewegung als bisher.

Bewegung im Alltag

Der Alltag ist der wichtigste Bewegungsfaktor und nicht etwa der Sport – eine erleichternde Erkenntnis für alle Übergewichtigen! Wenn man fit werden kann ganz ohne Sport, warum dann nicht im täglichen Leben beginnen, wo es am leichtesten fällt? Mit wenig Mühe von Anfang an viel verändern, das ist tatsächlich machbar! Es muss noch nicht einmal viel Zeit kosten. Für mehr Aktivität im Alltag braucht jeder nur wenige Minuten mehr am Tag aufzuwenden. Aber das sind wertvolle Minuten, die unglaublich viel bringen und die man leicht und verlustfrei von der täglichen Fernsehzeit abziehen kann.

Die erste und wichtigste Regel dabei lautet: mehr zu Fuß gehen! Fahren Sie Ihre Kinder nicht überallhin mit dem Auto und legen Sie auch selbst mehr Wege zu Fuß zurück. Probieren Sie es aus! Die meisten Menschen, die nur noch motorisiert unterwegs sind, wissen gar nicht mehr, wie schnell man auch zu Fuß von A nach B kommen kann. Fangen Sie klein an und gehen Sie gleich das nächste Mal zu Fuß einkaufen, wenn Sie keine lange Einkaufsliste haben und nicht schwer schleppen müssen. Tragen Sie Ihr Altglas zum Container, anstatt es mit dem Auto hinzufahren. Falls Sie normalerweise mit dem Bus oder mit der Straßenbahn zur Arbeit fahren, steigen Sie morgen eine oder zwei Stationen

besser essen-Tipp: Früh Zähne putzen

Das Abendessen sollte die letzte Nahrung des Tages sein, aber wie widersteht man der Versuchung, danach noch etwas zu knabbern? Manche tun sich leichter mit geputzten Zähnen. Wer also um 19 oder 20 Uhr seine Zähne putzt, verbannt den Geschmack der vergangenen Mahlzeit aus dem Mund und ersetzt ihn durch einen frischen, neutralen Geruch. Das setzt ein Signal, dass die Essenszeit vorbei ist und die Ruhezeit eingeläutet. Vielen hilft das, die abendliche Lust auf Knabbereien zu mindern. Wer trotzdem noch etwas isst, muss noch einmal Zähne putzen und überlegt es sich deswegen zweimal.

Selbsterfahrungsspiel für Jugendliche: Wie fühlt es sich an, wenn man richtig dick ist? Ungelenk und mühsam!

vor Ihrem Ziel aus dem Bus aus, und gehen Sie den Rest des Weges zu Fuß. Nicht jeder schafft das in der morgendlichen Eile, aber abends müsste es machbar sein. Vor allem auf dem Heimweg von der Arbeit hilft das Gehen auch, abzuschalten. Man kann wieder durchatmen und so den Stress des Tages hinter sich lassen, bevor man zu Hause ankommt und dort mit den Kindern die nächsten Herausforderungen warten. Bauen Sie auch in Ihren Büroalltag mehr Bewegung ein: Wenn Sie tagsüber Kollegen etwas mitteilen möchten, besuchen Sie sie kurz in ihrem Büro, anstatt eine E-Mail zu schreiben oder anzurufen. Das ist sehr viel netter und persönlicher, und so gehen Sie wieder ein paar Schritte. Ein bis drei Stockwerke können Sie leicht zu Fuß hinaufsteigen, anstatt den Lift zu benutzen. Und wenn Sie in der Stadt unterwegs sind, nehmen Sie in der U-Bahn und im Kaufhaus die Treppe anstelle der Rolltreppe.

Überlegen Sie in der Familie, ob Sie sich einen Hund zulegen möchten. Die Kinder werden sich bestimmt über den vierbeinigen Familienzuwachs freuen! Mit einem Hund kommt man zwangsläufig in Bewegung, schließlich muss man mit ihm täglich mindestens eine halbe Stunde auf die Straße gehen, bei großen Hunden besser eine Stunde. Wenn dieser Aufwand für einen alleine zu groß ist, kann man sich in der Familie auch tageweise abwechseln.

Selbst Arbeiten im Haus und im Garten – so vorhanden – zählen zu den Alltagsbewegungen. Ob Sie die Wohnung putzen oder die Garage aufräumen, den Rasen mähen oder Unkraut jäten – das alles sind Aktivitäten, die Bewegung bringen und bei denen Kinder helfen können.

Aktiv auf zwei Rädern

Ein wunderbares Fortbewegungsmittel gerade für übergewichtige Menschen ist das Fahrrad. Es bringt viel Bewegung und schont dabei die Gelenke. Wer langsam fährt, kann es ganz gemütlich angehen. Sobald das Wetter es zulässt, lassen Sie das Auto stehen und fahren Sie mit dem Fahrrad. Sie werden staunen, wie schnell man damit unterwegs ist und wie weit man in kurzer Zeit kommt. Vor allem in Städten zu den Berufsverkehrszeiten schlägt das Fahrrad jedes Auto in Sachen Geschwindigkeit. Man muss sich nicht über Staus ärgern, sondern fährt ganz locker daran vorbei. Wie beim Zu-Fuß-Gehen wird ganz nebenbei der Kopf frei und der Alltagsstress verflüchtigt sich auf wunderbare Weise.

Halten Sie auch Ihre Kinder je nach Alter dazu an, möglichst viele Wege mit dem Fahrrad zu fahren: zur Schule, zu Freunden, in der Freizeit. Das Radwegenetz ist in vielen Städten in den letzten Jahren immer dichter geworden, sodass sich Radfahrer und Autofahrer immer seltener die Straße teilen müssen. Lassen Sie sich nicht von überängstlichen Eltern verunsichern, die Ihren Kindern nicht zutrauen, sich im Straßenverkehr zu bewegen. Mit ein wenig Grundwissen und Übung schaffen das Kinder sehr umsichtig und sicher, der eine früher, der andere später. Spätestens in der vierten Klasse können Kinder ihre alltäglichen Wege mit dem Fahrrad zurücklegen, wenn sie nicht allzu weit sind und nicht über Landstraßen ohne Radwege führen (das ist wirklich gefährlich). Achten Sie darauf, dass jedes Kind sein Fahrrad pfleglich behandelt und dass es jederzeit einsetzbar ist. Kleine Reparaturen können Eltern mit ihren Kindern selbst erledigen und so den Kindern beibringen, wie sie eine herausgesprungene Kette wieder einsetzen und wie man einen Platten flickt.

Wundermittel Spaziergang

Wenn Sie abends entspannen möchten, wenn die Kinder Ihnen auf die Nerven gehen, wenn Sie am Sonntag gut gegessen haben – machen Sie einen Spaziergang, gemeinsam oder alleine. Das ist eine großartige Medizin für die Verdauung, für den Stoffwechsel und für die Seele. Viele Menschen sagen, dass sie nirgends so gut nachdenken können und sich über Fragen und Probleme klar werden wie beim Spazierengehen. Beim Gehen können Sie Veränderungen in Ihrem Dorf, im Viertel oder in der Natur entdecken – den Fortschritt auf der Baustelle, den neuen Laden, die ersten blühenden Sträucher im Frühling, die ersten bunten Blätter im Herbst. Wer öfter spazieren geht, erlebt auch die Jahreszeiten intensiver. Egal ob Sie sich lieber ein Ziel setzen oder ziellos umherwandern, Hauptsache, es macht Spaß. Gehen Sie bewusst und verlassen Sie wenn möglich auch asphaltierte Wege, spüren Sie den Waldboden und merken Sie, wie die Bewegung in der Natur Sie gesünder und stärker macht.

Ganz neue Bedürfnisse

Wichtig ist, dass die ganze Familie die anfängliche Umstellungsphase vom trägen zum bewegteren Leben durchsteht und sich nicht vom ersten Hindernis entmutigen lässt. Steigen Sie nicht gleich wieder ins Auto, sobald es einmal regnet oder die Temperaturen sinken. Es gibt sehr gute und schöne Schlechtwetterkleidung für Erwachsene und für Kinder, mit der das Draußensein auch bei widrigem Wetter Spaß macht. Lassen Sie sich Zeit, auszuprobieren, was Ihnen guttut und was nicht. Lassen Sie jedem einzelnen Familienmitglied Zeit, verschiedene Alltagsaktivitäten zu testen und für sich herauszufinden, was am besten zu ihnen passt. Fast alle Menschen, die begonnen haben, zu Fuß zu gehen oder Rad zu fahren, erleben es nach einiger Zeit nicht mehr als Last und als Pflichtübung. Bei vielen wird sogar ein Bedürfnis daraus. Körper und Seele fordern mit der Zeit die Bewegung, und viele fragen sich bald, warum sie es nicht schon ihr ganzes Leben lang so getan haben.

Endlich Ferien!

Kinder sollten so viel wie möglich draußen spielen, wo die Sonne lockt anstelle des Fernsehers und wo sie frische Luft atmen, anstatt Süßigkeiten zu essen. Mit dem elterlichen Satz »Geh doch mal raus!« ist es allerdings nicht getan. Je kleiner die Kinder sind, desto eher sollte man mit ihnen gemeinsam etwas draußen unternehmen, wann immer man Zeit dafür findet – am Nachmittag, am Wochenende oder in den Ferien. Viele Organisationen bieten sogar preiswerte aktive Familienferien an, deren Erlebnisfaktor hoch ist und über die die Kinder danach viel länger erzählen werden als über den zehnten faulen Billigurlaub an irgendeinem Mittelmeerstrand.

Freizeitspaß für die ganze Familie: Kanufahren ist schnell gelernt und stärkt noch dazu das Gemeinschaftsgefühl.

Fast jede Familie kann es einrichten, wenigstens einen Tag am Wochenende mit aktiver Freizeit in der Natur zu verbringen, in der warmen Jahreszeit am Wasser oder bei einer Radtour und in der kühleren Jahreszeit beim Wandern oder im Schnee. Über die Art und die Ziele kann man sich in der Familie abstimmen, doch gegen anfängliches Maulen der Kinder müssen sich Eltern dabei durchsetzen. Anschließend finden meistens doch alle Gefallen an dem gemeinsam Erlebten. Nehmen Sie auch Freunde der Kinder auf Ihre Ausflüge mit, das steigert die Motivation und den Spaß enorm und entlastet immer die Eltern als Alleinunterhalter.

In der täglichen Freizeit brauchen Kinder andere Kinder, mit denen sie etwas unternehmen. Ob sie die klassischen Schulhofspiele wie Fangen spielen, balancieren oder klettern, ob sie miteinander kreativ sind und Staudämme am Bach bauen, ob sie Straßenspiele bevorzugen wie Einrad oder Inlineskates fahren oder Jonglieren, ob sie Federball spielen oder im Herbst Kastanien sammeln – Hauptsache, sie hängen nicht vor der Glotze herum.

besser essen-Tipp | **Die Bewegungsuhr**

Ausreichend Bewegung ist für Kinder und Erwachsene wichtig (Seite 59) – eine Stoppuhr hilft, dies ohne Mogeln zu registrieren. Jede noch so kurze Bewegungsphase wird so gestoppt: 10 Minuten stramm zur Straßenbahn marschiert, 2 Minuten Treppe gestiegen, 8 Minuten Rad gefahren – so wird jede Bewegung im Alltag erfasst. Erwachsene und Jugendliche können sich ihre Armband- oder Stoppuhr im Handy entsprechend einstellen. Nett für Kinder ist eine Pappuhr, deren Zeiger man von Hand verstellen kann. Es gibt sie für wenig Geld, um die Uhr zu erlernen, aber man kann sie auch selbst basteln.

Der Spaßfaktor

»Sport ist Mord«, sagen viele Dicke und beenden damit schnell das Thema, sobald sie jemand darauf anspricht, sich doch vielleicht einmal sportlich zu betätigen. Doch das ist ein Drückeberger-Spruch. Wahr daran ist allenfalls, dass stark Übergewichtige ihren Gelenken und ihrem Kreislauf keinen Gefallen tun, wenn sie sich sportlich überfordern. Doch es gibt genügend Sportarten für Erwachsene wie für Kinder, die auch und gerade für Mollige gut geeignet sind, dem Körper wieder mehr Schwung zu verleihen und das Abnehmen zu unterstützen. Und natürlich tut Sport jedem Menschen gut, sowohl dem Körper als auch der Psyche. Das Körpergefühl und das Selbstbewusstsein, an denen es vielen Dicken mangelt, werden gestärkt. Vor allem dicke Kinder können beim Sport wieder Erfolg und Kraft verspüren, die neuen Mut verleihen.

Man darf die Latte jedoch nicht zu hoch hängen. Jede Familie sollte sich über die anfänglichen Einschränkungen klar werden und für Eltern und Kinder jeweils Sportarten aussuchen, die sich für übergewichtige Menschen auch eignen. Denn bei der Stange bleibt auf die Dauer nur, wer Spaß am Sport hat. Wer sich aus reiner Vernunft in die Sporthalle quält, macht sich nur zusätzlichen Stress und wird seine anfängliche Motivation schnell wieder los sein. Deswegen ist es wichtig, zuerst darüber nachzudenken, was man erreichen möchte, woran man Freude hätte und was auch realisierbar ist.

Sie haben keine Zeit für Sport? Wirklich nicht? In Umfragen geben zwei Drittel der Deutschen an, dass sie am leichtesten Zeit erübrigen könnten, wenn sie ihre Mediennutzung einschränkten. Dreieinhalb Stunden verbringen Erwachsene hierzulande täglich vor dem Fernseher oder dem Computer. Da ist es oft nur eine Frage der Gewohnheit, davon eine Stunde für Sport zu investieren. Aber: Von null auf hundert – das geht meistens schief. Wer bisher ein Sportmuffel war und von einem Tag auf den anderen täglich eine Stunde Sport treibt, wird schnell mit Muskelkater und Erschöpfung zu kämpfen haben. Besser ist es, langsam zu beginnen und sich von Mal zu Mal an die Leistung heranzutasten, die man erreichen möchte.

Sport für Mollige

Welcher Sport also könnte Spaß machen? Das ist die erste und die wichtigste Frage, die sich jeder stellen sollte, der eine geeignete Sportart für sich sucht. Kinder wissen auf diese Frage in der Regel sofort eine Antwort. Sie haben ein sehr gutes Gespür dafür, welche Bewegungsform ihnen Freude machen könnte. Oft schließen sie sich mit ihren sportlichen Aktivitäten einfach ihren Freunden an. Erwachsene sind häufiger unschlüssig, aber sie können sich einige Fragen stellen, um leichter etwas Passendes für sie zu finden:

- Welchen Sport wollte ich schon immer gerne mal ausprobieren?
- Möchte ich Sport überwiegend draußen oder lieber in einer Halle treiben?
- Kommt es mir besonders auf Geselligkeit und Teamgeist an (Mannschaftssport) oder bin ich eher ein Einzelkämpfertyp?
- Brauche ich feste Trainingszeiten oder ist mir zeitliche Flexibilität wichtiger (Individualsport)?

Wenn diese vier Fragen beantwortet sind, ist das Spektrum an Sportmöglichkeiten schon kleiner geworden und man kann als Nächstes beginnen, herauszufinden, was davon im persönlichen Lebensumfeld realisierbar wäre:

- Welche Angebote von Vereinen oder anderen Organisationen gibt es in meiner Nähe? Und was davon eignet sich für Anfänger wie mich?
- Treffe ich dort auch andere Menschen an, die etwa meine Statur haben?
- Was kann ich zeitlich und finanziell verwirklichen (es muss ja nicht gleich Golf sein)?
- Was sagt mein Arzt dazu?
- Hat jemand aus meinem Bekanntenkreis Lust, mitzumachen?

Grundsätzlich geeignet für Mollige sind Ausdauersportarten, die sich auch langsam betreiben lassen, wie Walken, Schwimmen oder Radfahren. Auch Skilanglauf und sanfte Gymnastikarten wie Pilates oder Aqua-Aerobic bieten sich an, ebenso alle Angebote speziell für Übergewichtige, bei denen man Gleichgesinnte trifft. Manche Sportarten eignen sich für Übergewichtige weniger gut, und man sollte eher erst damit beginnen, wenn man schon etwas abgenommen und Muskulatur aufgebaut hat. Dazu gehören alle Sportarten, bei denen viel gerannt und gesprungen wird. Wer mit großem Gewicht viel laufen soll, wie etwa beim Fußball und den meisten anderen Ballsportarten, kommt bald aus der Puste. Gerade beim Fußball, aber auch bei Sqash und Badminton bremst man häufig abrupt ab und dreht sich gleichzeitig. Das belastet die Gelenke sehr. Auch Sportarten, bei denen es in erster Linie auf Beweglichkeit ankommt, fallen dicken Menschen schwer.

Weniger bewährt hat sich für Erwachsene, an eine Sportart anzuknüpfen, die sie früher betrieben haben. Im Gedächtnis sind dann noch Leistungen aus der Zeit, in der man jünger, beweglicher und

Familienausflug auf Inlineskates: Dabei können manchmal sogar die Eltern von ihren Kindern lernen.

SPORTARTEN Das eignet sich für mollige Kinder

Bei der Wahl der richtigen Sportart steht auch bei übergewichtigen Kindern an erster Stelle die Frage: »Was möchtest du gerne machen?« Hat Ihr Kind einen sportlichen Traum, den es mit seinem Übergewicht nur noch nicht verwirklichen kann, dann setzen Sie sich diesen Traum als Ziel. So etwas motiviert enorm. Einstweilen beginnt man mit der zweitbesten Idee, um fitter zu werden und sich den Traum eines Tages erfüllen zu können.

Für den Einstieg in den Sport gilt für Kinder Ähnliches wie für Erwachsene: langsam anfangen, nicht überfordern, weil der Körper den Anforderungen der sportlichen Belastung noch nicht gewachsen ist. Wichtig ist vor allem, dass es Spaß macht!

Sportarten, die viele mollige Mädchen und Jungen gerne betreiben, sind zum Beispiel:

- **Schwimmen** – eine sanfte Bewegungsform, die die Muskulatur trainiert und dabei die Gelenke schont. Das Wasser trägt das Gewicht mit, und die Kinder erleben ihren eigenen Körper leichter – ein sehr gutes Gefühl.
- **Reiten** – der Traum vieler Mädchen und eine ausgezeichnete Haltungsschule! Es kräftigt die Muskulatur des Rückens und der Beine. Durch das Vertrauensverhältnis zum Pferd stärkt Reiten auch das Selbstvertrauen.
- **Tanzen, Cheerleading, Disco Dance** – rhythmische Sportarten für extrovertiertere Mädchen. Tanzen fördert Körperkontrolle, Koordinationsfähigkeit und Beweglichkeit.
- **Handball** – eine gute Ballsportart für nicht allzu übergewichtige Jungen und Mädchen, bei der manchmal sogar die Masse von Vorteil ist.
- **Asiatische Kampfsportarten** – Judo, Taekwondo oder Karate finden viele Jungen und Mädchen cool. Bei diesen Sportarten trainiert man auch Konzentration und Koordination.

Kampfsport ist cool – für schlanke wie für molligere Kinder. Den gelben Gürtel schafft jeder.

Für den Anfang kann man eine Gruppe mit anderen molligen Kindern suchen. Fragen Sie bei der Stadt oder der Gemeinde, dem zuständigen Gesundheitsamt oder den Krankenkassen an, sie können häufig mit Adressen helfen. Wenn es ein anerkanntes Angebot für übergewichtige Kinder ist, übernehmen die Kassen auch einen Teil der Kosten.

Hat ein Kind starkes Übergewicht, ist es ratsam, über die geplante Sportart mit dem Kinderarzt zu sprechen. Turnen zum Beispiel beansprucht die Gelenke sehr. Insbesondere wenn viel gesprungen wird, führt die Aufprallbelastung schnell zu Schäden und zu Schmerzen. Auch Kraftsport an Geräten ist für die kleinen Körper im Wachstum weniger geeignet.

Ist das Kind aber nur ein wenig mollig und ansonsten fit, sollte es in einen ganz normalen Verein oder in eine Sportschule gehen, die »seine« Sportart in der Nähe und zu passenden Zeiten anbieten.

leichtgewichtiger war. An diese wird man nur schwer wieder herankommen – der Frust ist vorprogrammiert. Besser ist es, etwas Neues zu lernen, bei dem man rasch Erfolgserlebnisse erzielt.

Wenn Sie etwas gefunden haben, das Sie reizt, machen Sie am besten eine oder zwei Probestunden. Das ist bei Vereinen immer, in Kursen nur manchmal möglich, kann jedoch sehr schnell Aufschluss darüber geben, ob die Wahl richtig war.

Gymnastik für Mollige

Viele übergewichtige Frauen können sich zwar oft für Gymnastik erwärmen, trauen sich aber mit ihrem Übergewicht nicht in die üblichen Fitness-Studios. Dafür gibt es nicht nur ästhetische, sondern auch körperliche Gründe, denn bei großem Körperumfang sind manche Übungen gar nicht umsetzbar. Besser ist es, sich Programme auszusuchen, die darauf Rücksicht nehmen. Vielfach gibt es inzwischen spezielle Sportangebote für Mollige. Wer solche nicht in seiner Umgebung findet, kann zumindest selbst ein paar Tipps beherzigen, die Gymnastik für Dicke erleichtern:

- Beim Gehen reiben bei großem Oberschenkelumfang leicht die Innenschenkel aneinander und man kann sich wund scheuern. Wer vorbeugen will, klebt sich deshalb großflächige Pflaster auf die Innenschenkel.
- Lassen Sie Schrittübungen weg, bei denen die Beine überkreuzt werden müssen, wenn Sie sehr dicke Beine haben.
- Wenn der Bauch beim Vorbeugen des Oberkörpers oder bei Übungen in Rückenlage im Weg ist: Öffnen Sie die Beine, damit er Platz hat.
- Nicht springen oder hüpfen, um die Knie und die Sprunggelenke nicht zu stark zu belasten.
- Frauen mit großer Brust haben oft Schwierigkeiten bei Übungen, die in Bauchlage ausgeführt werden, weil der Druck auf das Drüsengewebe schmerzt. Versuchen Sie stattdessen, ähnliche Übungen im Kniestand zu machen.
- Wenn die Knie im Vierfüßlerstand zu stark belastet sind, legen Sie sich ein Kissen unter.
- Machen Sie generell keine Übungen, die wehtun. Anstrengend darf es allerdings schon sein.

Familienprogramm für zu Hause

Auf den nächsten Seiten zeigen wir ein Trainingsprogramm, das auch für mollige Kinder gut geeignet ist, um Beweglichkeit wiederzuerlangen, die Muskulatur zu kräftigen und Fettpolster abzubauen. Natürlich können die Eltern es genauso gut machen. Die Übungen sind so aufgebaut, dass sie einfach und gelenkschonend sind. Wir verwenden dabei einige Hilfsmittel, die den Körper stützen, sodass die Übungen nicht ganz so anstrengend sind. Hierfür haben wir Dinge ausgewählt, die wahrscheinlich jeder zu Hause hat: ein Handtuch zur Verlängerung der Arme, zwei gefüllte 1-Liter-PET-Flaschen als Trainingsgewichte, außerdem eine freie Wand, einen Stuhl und einen Tisch. Die Kleinen benötigen zwei weiche Kissen, zwei Handtücher, einen Ball und ein Springseil.

Man sollte die Übungen möglichst jeden Tag absolvieren, an dem man sonst keinen Sport macht, mit einer Pause an jedem dritten Tag. Wem das ganze Programm zu viel ist, für den genügen auch 15 Minuten. Mindestens eine Übung pro Körperbereich sollte immer dabei sein, also eine Oberschenkel-Übung, eine Po-Übung, eine Brust-Übung und so weiter. Bitte niemals gegen Schmerzen arbeiten, sondern aufhören, wenn etwas wehtut!

Wichtig ist, sich vorher kurz aufzuwärmen. Das geht ganz einfach, indem man zwei Minuten auf der Stelle geht, dann das Tempo steigert und die Knie beim Gehen höher zieht und dieses Tempo weitere zwei Minuten beibehält. Das genügt schon.

Zuerst kommen die Kräftigungsübungen und dann die Dehnübungen, damit sich die Muskeln wieder entspannen können. Jede Übung sollte sorgfältig und in guter Haltung ausgeführt werden, damit sie auch wirkt. Und nun los!

Fitness für die Kleinen

Wer schon als kleines Kind Sport treibt, der bleibt auch später dabei. Als Eltern sollten Sie Ihr Kind daher von Anfang an seinen natürlichen Bewegungsdrang ausleben lassen. Bereits im Vorschulalter können Kinder einfache Übungen auch nach Anleitung durchführen – vor allem wenn Mama und Papa mitmachen. Vorrangig ist jedoch immer die Freude an der Bewegung. Hat ein Kind überhaupt keine Lust auf eine Übung, sollte es einfach eine andere ausprobieren.

Hüpfen auf einem Bein

Mit dieser Übung stärkst du prima deinen Gleichgewichtssinn: Stell dich aufrecht hin und schau nach vorne. Heb das linke Bein an, sodass du nur noch auf dem rechten Bein stehst. Hüpf nun auf dem rechten Bein vorwärts, das linke Bein bleibt angehoben. Versuche so weit wie möglich zu hüpfen, ohne mit dem angehobenen Bein den Boden zu berühren. Halte dabei den Oberkörper aufrecht. Wechsle dann die Seite, d.h., jetzt ist das rechte Bein angehoben und du hüpfst auf dem linken Bein vorwärts.

Purzelbaum

Wie beweglich bist du eigentlich? Probier es aus und mache auf einem weichen Kissen einen Purzelbaum vorwärts: Geh vor dem Kissen in die Hocke und stütz dich mit den Händen auf dem Kissen ab. Beuge dich nach vorne und leg den Kopf auf das Kissen zwischen die Hände. Streck die Beine, die Zehenspitzen bleiben auf dem Boden. Drück dich nun mit den Händen vom Kissen ab und roll dich mit Schwung über den Kopf, den Rücken und den Po nach vorne ab, bis du in Sitzposition kommst. Wichtig dabei ist, dass du das Kinn zur Brust ziehst.

Kissenlauf

Leg abwechselnd zwei mehrmals gefaltete Handtücher und zwei große Kissen im Abstand von etwa 15 Zentimetern hintereinander: Handtuch – großes Kissen – Handtuch – großes Kissen. Stell dich hinter das erste Handtuch. Lauf nun vom ersten Handtuch über das erste Kissen und das zweite Handtuch bis zum zweiten Kissen. Versuche dabei immer auf Kissen und Handtuch zu treten und das Gleichgewicht zu halten. Lauf in einem Bogen um die aufgebaute Strecke herum wieder zum ersten Handtuch, dann erneut über die Handtuch-Kissen-Strecke. Im Laufe der Runden kannst du dein Tempo steigern.

Strecksprung

Der Aufbau ist derselbe wie in der Übung »Kissenlauf«: Handtuch – Kissen – Handtuch – Kissen. Anstatt darüber zu laufen, führst du nun Strecksprünge aus: Geh dazu in die Hocke. Stoß dich dann mit beiden Beinen fest ab und spring auf das folgende Handtuch oder Kissen. Dabei streckt sich dein Körper, die Arme führst du über den Kopf nach oben. Versuche immer mit beiden Beinen auf dem jeweils nächsten Kissen bzw. Handtuch aufzukommen und das Gleichgewicht zu halten. Hüpf in einem Bogen um die aufgebaute Strecke zurück zum ersten Handtuch und beginn dann von vorne.

Ballspiel im Sitzen

Für diese Übung brauchst du eine zweite Person, z. B. Mama oder Papa, und einen Ball. Setzt euch mit gegrätschten, gestreckten Beinen so gegenüber, dass sich die Fußsohlen berühren. Der Oberkörper ist aufrecht, die Arme sind nach oben gestreckt. Wirf den Ball über Kopf deinem Gegenüber zu. Mama oder Papa wirft ihn zu dir zurück, und du versuchst, den Ball mit beiden Händen aufzufangen. Werft euch den Ball in einem gleichmäßigen Tempo abwechselnd zu, ohne dass er zwischendurch auf den Boden fällt.

Seillaufen

Leg ein Seil als gerade Linie auf den Boden. Am besten trägst du dünne Gymnastikschuhe oder machst die Übung sogar barfuß, dann spürst du das Seil besser. Balanciere nun mit aufrechtem Oberkörper auf dem Seil vom einen zum anderen Ende, ohne dabei den Boden zu berühren. Streck die Arme zur Seite weg, um das Gleichgewicht besser zu halten. Wenn du Lust hast, kannst du auch einmal versuchen, rückwärts auf dem Seil zu balancieren. Beide Varianten schulen den Gleichgewichtssinn und die Koordination.

Seilspringen

Diese Übung macht nicht nur viel Spaß, sondern fördert auch Koordination und Ausdauer. Du benötigst dafür ein Springseil. Stell dich aufrecht hin und fass mit jeder Hand ein Seilende. Die Mitte des Seils sollte bei nach unten hängenden Armen hinter dir auf dem Boden locker aufliegen. Ist es zu lang, wickelst du die Seilenden um die Hände. Schwing nun das Seil über den Kopf nach vorne. Sobald das Seil vor dir in Bodennähe kommt, hüpfst du mit beiden Beinen darüber, sodass es wieder hinter dir ist. Schwing das Seil weiter hinter dem Rücken über den Kopf nach vorne und hüpf erneut darüber. Versuche ein Tempo zu finden, bei dem du ohne Pause und ohne abzusetzen über das Seil springen kannst.

Flieger

Diese Übung kannst du nur zusammen mit einem Erwachsenen machen. Der Erwachsene liegt mit dem Rücken auf einer Gymnastikmatte, die Beine sind in Hüfte und Knie im rechten Winkel gebeugt. Stell dich mit etwa zwei Meter Abstand vor den Füßen des Erwachsenen auf, nimm Anlauf und spring auf seine Unterschenkel, sodass du mit dem Bauch darauf zu liegen kommst. Der Erwachsene stützt dich bei der Landung mit den Händen ab. Halte die Beine möglichst gestreckt und die Arme seitlich wie die Tragflächen eines Flugzeugs.

Fitness für die ganze Familie

» Du möchtest etwas für deinen Körper tun, hast aber schon länger keinen Sport mehr getrieben? Dann ist dieses Fitness-Programm genau das Richtige: Die Übungen sind nicht nur ideal für Anfänger und Wiedereinsteiger, sie machen auch Spaß und lassen sich mit einfachen Hilfsmitteln zu Hause leicht ausführen. Mit den 20 Kräftigungsübungen trainierst du alle wichtigen Muskelbereiche und verbesserst ganz nebenbei Haltung und körperliche Leistungsfähigkeit.

FÜR DIE BRUSTMUSKULATUR

Liegestütz an der Wand

Diese Form des Liegestützes strengt am wenigsten an und ist doch sehr effektiv. Stell dich dazu in einer Entfernung von einer Armlänge vor eine Wand hin, die Füße sind hüftbreit auseinander. Leg die Hände auf Höhe der Schultern an die Wand, die Fingerspitzen zeigen nach oben. Beuge nun die Ellbogen und bring die Nase möglichst nahe an die Wand. Halte dabei die Spannung im Körper: Beine, Becken und Oberkörper bilden eine Linie. Streck die Ellbogen wieder und drück den gesamten Körper von der Wand weg. Wiederhole die Übung 15-mal.

Liegestütz am Tisch

Etwas anspruchsvoller ist dieser Liegestütz. Stell dich dazu in einer Entfernung von einer Armlänge vor den Tisch. Setz die Hände unterhalb der Schultern auf den Tisch, die Fingerspitzen zeigen nach vorne. Die gestreckten Arme sollen den Oberkörper so stützen, dass Beine, Becken und Oberkörper eine Linie bilden. Beuge nun die Ellbogen und bring die Nase möglichst nahe an den Tisch. Halte dabei die Körperspannung. Dann die Ellbogen wieder strecken. Wiederhole die Übung 15-mal.

Liegestütz auf Knien

Begib dich für diese Variante des Liegestützes in den Vierfüßlerstand: Setz die Hände schulterbreit auseinander, die gestreckten Arme stützen den Oberkörper. Die Knie bleiben am Boden, die Füße werden verschränkt. Halte die Spannung: Becken, Oberkörper und Kopf bilden eine Linie. Beuge nun die Ellbogen und bring die Nase möglichst nahe an den Boden, halte dabei die Körperspannung. Dann die Ellbogen wieder strecken. Wiederhole die Übung 15-mal.

Knieheben im Vierfüßlerstand

Begib dich für diese Übung wieder in den Vierfüßlerstand, die Ellbogen sollten sich unter den Schultern befinden. Halte den Rücken gerade, der Kopf ist gerade in Verlängerung der Wirbelsäule (als ob jemand deinen Kopf an den Haaren nach vorne zieht). Heb nun die Knie etwa 10 Zentimeter vom Boden, der Rücken bleibt gerade. Halte diese Position etwa 10 Sekunden und senke die Knie dann langsam wieder ab. Wiederhole die Übung 8-mal.

FÜR ARME UND SCHULTERN

Bizeps-Curls im Sitzen

Setz dich mit geradem Rücken auf einen Stuhl, die Füße stehen hüftbreit auseinander. Nimm in jede Hand eine gefüllte 1-Liter-Flasche. Streck die Arme auf Schulterhöhe nach vorne, die Handflächen zeigen nach oben. Spann nun die Oberarmmuskeln (Bizeps) an und zieh die Unterarme langsam und konrolliert zu deinem Körper. Streck den Arm dann wieder aus. Wiederhole die Übung 8-mal.

Trizeps-Curls im Sitzen

Setz dich mit geradem Rücken auf einen Stuhl, die Füße stehen hüftbreit auseinander. Nimm in die rechte Hand eine 1-Liter-Flasche, die linke Hand kannst du auf den linken Oberschenkel ablegen. Streck den rechten Arm nun nach oben. Beuge den Unterarm dann und führe die Hantel hinter den Kopf Richtung Nacken. Beide Schultern bleiben dabei unten. Streck den Arm dann wieder aus. Wiederhole die Übung 8-mal mit jedem Arm.

Hammer-Curls

Setz dich mit geradem Rücken auf einen Stuhl, die Füße stehen hüftbreit auseinander. Nimm in jede Hand eine 1-Liter-Flasche. Beuge die Ellbogen so, dass die 1-Liter-Flaschen senkrecht nach oben zeigen. Führe die Unterarme nun nach unten, bis die Arme fast gestreckt sind. Dann den Ellbogen wieder beugen. Die Ellbogen befinden sich während der gesamten Übung nahe am Körper. Wiederhole die Übung 8-mal.

Seitheben

Setz dich mit geradem Rücken auf einen Stuhl, die Füße stehen hüftbreit auseinander. Nimm in jede Hand eine 1-Liter-Flasche. Streck nun beide Arme auf Schulterhöhe so zur Seite, dass sie parallel zum Boden sind. Die Handflächen zeigen nach unten. Führe beide Arme gestreckt nach oben. Drehe die Arme dabei so, dass die Handflächen zueinander zeigen. Jetzt die Arme wieder nach unten in die Waagerechte bewegen. Wiederhole die Übung 8-mal.

FÜR OBERSCHENKEL UND PO

Squats

Stell dich dicht vor einen Stuhl, die Füße sind hüftbreit auseinander. Beim Einatmen beugst du die Knie und senkst den Po Richtung Stuhlfläche, bis er diese fast berührt. Neige dabei den Oberkörper mit geradem Rücken nach vorne und führe die gestreckten Arme waagerecht nach vorne. Beim Ausatmen streckst du die Knie wieder und führst die Arme nach unten. Wichtig ist, dass die gebeugten Knie bei der Übung nicht nach vorne geschoben werden und die Fußspitzen nie überragen. Die Übung 15-mal wiederholen.

Knie zum Po

Stell dich mit leicht gebeugten Knien hinter einen Stuhl und umfasse die Stuhllehne. Die Hüfte ist parallel zur Stuhllehne. Spann nun den Bauch an, beuge das rechte Knie und zieh den rechten Fuß so dicht wie möglich an den Po heran. Halte diese Position etwa 3 Sekunden und führe den Fuß langsam wieder nach unten bis kurz über dem Boden. Wichtig ist, dass du während der gesamten Übung die Körperspannung hältst und den Bauch zur Wirbelsäule ziehst. Wiederhole die Übung 15-mal und wechsle dann die Seite.

Beckenlift

Leg dich auf den Rücken und stell deine Füße etwa eine Fußlänge entfernt vom Po auf. Die Füße sind hüftbreit auseinander, die Arme liegen seitlich neben dem Körper. Heb nun das Becken an, bis Oberkörper und Oberschenkel eine Linie bilden. Stell die Fersen auf und zieh die Fußspitzen zum Körper. Halte diese Position etwa zwei Atemzüge lang und senke das Becken dann wieder langsam nach unten. Wiederhole die Übung 8-mal.

Füße zur Decke

Leg dich in Bauchlage auf einen Tisch mit der Hüfte an der Tischkante. Der Tisch hat idealerweise eine Höhe, bei der die Fußspitzen jetzt bei leicht gebeugten Beinen den Boden berühren. Unter den Bauch legst du ein mehrfach gefaltetes Handtuch, um ein Hohlkreuz zu vermeiden. Die Hände liegen unter der Stirn. Beuge nun dein rechtes Knie und heb den Oberschenkel so weit, dass er sich auf einer Linie mit dem Oberkörper befindet. Nun bewegst du den rechten Fuß mit der Fußfläche parallel zur Decke in kleinen Bewegungen auf und ab. Wichtig ist, dass du nicht ins Hohlkreuz fällst, mache lieber nur ganz kleine Bewegungen. Wiederhole die Übung 8-mal und wechsle dann das Bein.

FÜR DEN RÜCKEN

Schultern nach hinten

Leg dich auf den Bauch, der Kopf ist gerade in Verlängerung der Wirbelsäule. Die Arme streckst du seitlich vom Körper weg und beugst dann die Ellbogen im rechten Winkel. Die Handflächen zeigen nach unten. Die hüftbreit geöffneten Beine sind möglichst gestreckt und auf die Zehenspitzen gestützt. Nun spannst du den Po an und hebst den Oberkörper langsam, bis die Brust den Boden nicht mehr berührt. Zieh die Schulterblätter dabei nach hinten. Diese Position hältst du etwa fünf Atemzüge lang, dann senkst du den Oberkörper langsam wieder. Die Übung 8-mal wiederholen.

Hacken

Leg dich wieder auf den Bauch, der Kopf ist gerade in Verlängerung der Wirbelsäule. Streck die Arme nach vorne, die Handinnenflächen zeigen zueinander. Heb nun den Oberkörper an, bis die Brust den Boden nicht mehr berührt. Halte die Spannung in Bauch und Po. Jetzt hebst du abwechselnd einen Arm nach dem anderen etwa 10 Zentimeter gestreckt nach vorne-oben und senkst ihn dann wieder auf Ausgangshöhe. Stell dir dabei vor, du zerhackst etwas. Versuche, 20- bis 30-mal zu hacken. Wichtig ist, dass du dabei nicht ins Hohlkreuz fällst.

Schwimmen

Leg dich wie bei der Übung »Hacken« auf den Bauch. Heb Arme, Kopf, Oberkörper und Beine wenige Zentimeter vom Boden. Paddle nun diagonal abwechselnd mit Armen und Beinen: Es werden immer der linke Arm und das rechte Bein gleichzeitig gehoben, und umgekehrt. Halte dabei die Spannung in Bauch und Po und zieh das Kinn zur Brust, der Blick bleibt nach unten gerichtet. Versuche, 20 Schwimmbewegungen durchzuhalten. Wichtig ist, dass du dabei den Bauchnabel zur Wirbelsäule ziehst. So verhinderst du, dass du ins Hohlkreuz fällst.

Wirbel für Wirbel

Leg dich auf den Rücken und stell deine Füße etwa eine Fußlänge entfernt vom Po auf. Die Füße sind hüftbreit auseinander, die Arme streckst du in Verlängerung der Schultern aus. Heb das Becken an, bis Oberkörper und Oberschenkel eine Linie bilden. Atme dabei langsam und gleichmäßig aus und ein. Leg nun beim Ausatmen deinen Oberkörper Wirbel für Wirbel in einer rollenden Bewegung langsam wieder ab. Halte dein Becken möglichst lange oben, damit du wirklich Wirbel für Wirbel abrollst und die Wirbelsäule auch möglichst in die Länge gezogen wird. Wiederhole die Übung 8-mal.

STRETCHING

» Nach den Kräftigungsübungen muss sich der Körper wieder erholen können. Zu jedem guten Trainingsprogramm gehören deshalb Stretchingübungen dazu. Durch das Dehnen kann sich die Muskulatur langsam abkühlen, bleibt dabei aber gut durchblutet, und die Muskelspannung normalisiert sich wieder. Nimm dir nach jeder Trainingseinheit Zeit für diese acht einfachen Übungen, so bleibst du beweglich und fühlst dich nach der Anstrengung gleich wieder wohl.

Begrüßung

Stell dich mit einem leichten Ausfallschritt mit dem rechten Fuß nach vorne in einen Türrahmen (oder zwischen zwei dicht nebeneinanderliegende Stangen): Die Fußspitze des vorderen Fußes schließt mit dem Türrahmen ab. Leg die Unterarme und die Hände an den Türrahmen, sodass die Ellbogen etwa auf Schulterhöhe im rechten Winkel gebeugt sind. Drück nun fünf Atemzüge lang mit den Schultern und den Unterarmen fest gegen den Türrahmen. Halte dabei im ganzen Körper die Spannung. Wiederhole die Übung jeweils einmal im rechten und linken Ausfallschritt.

Vordere Oberschenkel-Dehnung 1

Leg dich auf den Bauch, die Stirn ruht auf den Händen. Beuge nun dein rechtes Knie und leg ein Handtuch unten um das Schienbein. Führe nun den rechten Arm nach hinten und greife die beiden Enden des Handtuchs. Zieh deine rechte Ferse mithilfe des Handtuchs möglichst nahe zum Po. Fällt dir die Übung noch schwer, greifst du das Handtuch jeweils am äußersten Ende und ziehst die Ferse nur leicht zur dir heran. Halte diese Position etwa fünf Atemzüge lang, lockere die Spannung dann wieder. Wiederhole die Übung einmal und wechsle dann die Seite.

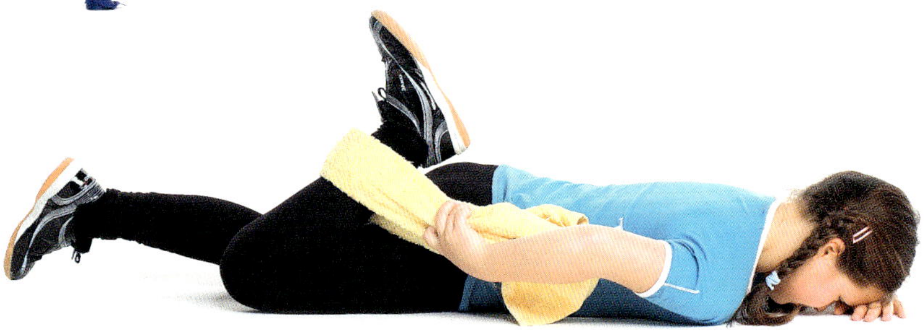

Vordere Oberschenkel-Dehnung 2

Stell dich auf das linke Bein, beuge das rechte Bein und fasse mit der rechten Hand ein Handtuch, das du um den rechten Unterschenkel gelegt hast. Zieh nun mithilfe des Handtuchs die Ferse zum Po. Die Hüfte bleibt dabei möglichst gestreckt, der Oberkörper aufrecht und die Pomuskeln angespannt. Das linke Bein ist leicht gebeugt, beide Oberschenkel sind möglichst parallel. Halte diese Position etwa 5 Sekunden und senke das rechte Bein dann wieder ab. Wiederhole die Übung einmal und wechsle dann die Seite.

Hintere Bein-Dehnung 1

Leg dich senkrecht zu einer Wand auf den Rücken, die Arme sind seitlich neben dem Körper, die Handflächen zeigen nach unten. Führe die Beine in die Senkrechte und lehne sie an die Wand an, der Po ist ebenfalls in Kontakt mit der Wand. Streck nun die Beine so weit es geht durch und zieh die Zehen fest in Richtung Knie, die Fersen werden zugleich Richtung Decke gestreckt. Halte diese Position etwa 5 Sekunden und lockere die Spannung wieder. Streck die Zehen dann von dir weg und lockere die Spannung erneut. Wiederhole die Übung 5-mal.

STRETCHING

Hintere Bein-Dehnung 2

Stell dich aufrecht hin, die Füße sind hüftbreit auseinander. Die Hände kannst du in die Hüften stützen. Setz nun den rechten Fuß einen kleinen Schritt nach vorne, das Gewicht bleibt auf dem hinteren Fuß und beide Knie sind leicht gebeugt. Streck nun das rechte Bein und zieh die rechte Fußspitze zur dir hin. Achte darauf, dass dein Rücken dabei gerade bleibt. Streck die Brust heraus: Stell dir vor, jemand zieht dich am Brustbein nach vorne-oben. Halte diese Position fünf Atemzüge lang. Löse die Spannung dann wieder. Wiederhole die Übung 10- bis 15-mal.

Brust-Dehnung

Leg dich auf die rechte Seite und beuge dein rechtes Knie möglichst rechtwinklig. Führe das linke Bein über das rechte und leg es so auf dem Boden ab, dass es im Knie und in der Hüfte etwa rechtwinklig gebeugt ist. Die Hände legst du auf das rechte Knie. Dreh nun den Brustbereich nach links und streck den linken Arm so weit wie möglich am Boden aus. Halte diese Position etwa fünf Atemzüge lang und lockere die Spannung dann wieder. Wiederhole die Übung 2-mal und wechsle dann die Seite.

Seitliche Oberkörper-Dehnung

Setz dich mit geradem Rücken vorne auf einen Stuhl, die Füße stehen hüftbreit auseinander. Streck den linken Arm senkrecht nach oben, den anderen Arm legst du auf den Oberschenkeln ab. Neige nun den Oberkörper nach rechts, der linke Arm folgt der Bewegung. Der Kopf ist gerade in Verlängerung der Wirbelsäule. Halte diese Position etwa 5 Sekunden und lockere die Spannung dann wieder. Wichtig bei der Übung ist, dass der Hüft- und Beckenbereich stabil gehalten wird und bei der Bewegung nicht ausweicht. Wiederhole die Übung 5-mal und wechsle dann die Seite.

Nacken-Dehnung

Setz dich mit geradem Rücken vorne auf einen Stuhl, die Füße stehen hüftbreit auseinander. Die Arme lässt du locker nach unten hängen. Neige nun den Kopf vorsichtig so weit wie möglich nach links. Gleichzeitig ziehst du mit dem nun gestreckten rechten Arm und der rechten Schulter nach unten. Die rechte Handfläche ist dabei parallel zum Boden. Halte diese Position drei bis fünf Atemzüge lang und lockere die Spannung dann wieder. Wiederhole die Übung einmal und wechsle dann die Seite. Wichtig ist dabei, dass die Schultern möglichst unten bleiben.

Frühstück

Auch wenn es morgens meist schnell gehen muss: Die Zeit für ein Frühstück sollte sich jeder nehmen, um gut für den Tag gerüstet zu sein. Unsere pfiffigen Rezepte sorgen für gesunde Abwechslung auf dem Tisch und sind rasch zubereitet.

Birnen-Shake mit Orange

Nur 4 Zutaten kaufen (für 4 Personen)

2 Orangen

2 kleine reife Birnen

4 EL Birnendicksaft (oder 2 EL Honig)

200 g Buttermilch

Aus dem Vorrat: 2 EL flüssiger Honig · ca. 400 ml Mineralwasser ohne Kohlensäure (zum Auffüllen)

Zutaten aus dem Vorrat

Mit einem gefüllten Vorratsschrank müssen Sie für unsere Rezepte nur wenige frische und leicht verderbliche Produkte einkaufen. Jedem Kapitel haben wir zwei Rezepte vorangestellt, für die Sie maximal vier Zutaten kaufen müssen, vorausgesetzt Sie haben folgende Lebensmittel zu Hause:

- Brühe (Gemüse-, Geflügel-, Fleischbrühe)
- Butter oder Margarine
- 1–2 Eier
- Essig, Aceto balsamico
- Einige Gewürze (z. B. Salz, Pfeffer, Muskatnuss, Kümmel, Sojasauce, Senf)
- Kartoffeln
- Knoblauch
- Milch (fettarm)
- Öl (Olivenöl und Rapsöl)
- Vollkornnudeln und -reis
- Zitronen oder -saft
- Zwiebeln

1. Die Orangen halbieren und auspressen. Die Birnen waschen, eventuell schälen, vierteln, entkernen und in kleine Stücke schneiden.
2. Birnenstücke, Orangensaft, Birnendicksaft, Honig und Buttermilch zusammen in den Mixer geben und fein pürieren.
3. Die Birnen-Buttermilch auf Gläser verteilen und mit Mineralwasser auffüllen.

TIPP:

Am besten geeignet für diesen Drink sind Williams-Christ-Birnen, die reif ihr volles Aroma entfalten und herrlich saftig, aber nicht mehlig sind wie manch andere Birnensorte. Sie sind genau richtig, wenn sie auf Fingerdruck leicht nachgeben.

PRO PERSON: 160 kcal • **EIWEISS:** 3 g • **FETT:** 1 g • **KOHLENHYDRATE:** 37 g • **ZUBEREITUNG:** 10 Min. • **PREIS:** ca. 0,45 Euro

Rühreier mit Champignons

Nur 4 Zutaten kaufen (für 4 Personen)

300 g Champignons

8 Eier

8 kleine Salatblätter

1/2 Bund Schnittlauch

Aus dem Vorrat: 1 Zwiebel · 2 EL Öl (am besten Rapsöl) · 2 EL Milch (fettarm) Meersalz · Pfeffer aus der Mühle · 4 Scheiben Vollkorntoastbrot oder anderes Vollkornbrot

1. Die Zwiebel schälen und fein hacken, die Champignons putzen und in dünne Scheiben schneiden oder hobeln.
2. In einer Pfanne das Öl erhitzen und die Zwiebelwürfel sowie die Champignonscheiben darin bei mittlerer Hitze unter mehrmaligem Wenden etwa 5 Minuten anbraten.
3. Inzwischen die Eier aufschlagen, mit der Milch zu einer schaumigen Masse verquirlen und mit Salz sowie Pfeffer würzen.
4. Den Eierschaum über die angebratenen Pilze gießen und die Masse zugedeckt bei schwacher Hitze stocken lassen. Sobald sich Blasen bilden, das Ei zu einer flockigen Masse verrühren, bis es an keiner Stelle mehr flüssig ist.
5. Die Salatblätter waschen und trocken schleudern. Vollkorntoastbrotscheiben toasten und diagonal halbieren, sodass Dreiecke entstehen. Andere Vollkornbrotscheiben ungetoastet lassen und halbieren. Den Schnittlauch waschen und trocken schütteln. Für die Dekoration nach Belieben in Röllchen schneiden oder die Halme ganz lassen.
6. Die Brotdreiecke oder -hälften mit Salatblättern belegen und das Rührei darauf verteilen. Auf Teller oder Brotzeitbrettchen legen und mit Schnittlauch garnieren.

TIPP:

Verwenden Sie für Rühr- oder auch Spiegeleier stets nur ganz frische Eier. Denn bei diesen Gerichten reicht die Garzeit nicht aus, um eventuell vorhandene Krankheitserreger wie Salmonellen abzutöten.

PRO PERSON: 300 kcal • **EIWEISS:** 20 g • **FETT:** 19 g • **KOHLENHYDRATE:** 12 g • **ZUBEREITUNG:** 20 Min. • **PREIS:** ca. 1,- Euro

Nussbrot mit Hüttenkäse und Paprika

Zutaten für 4 Personen

2 EL Pinienkerne
1 gelbe Paprikaschote
1 kleines Bund Rucola
400 g Hüttenkäse
Meersalz
Pfeffer aus der Mühle
4 Scheiben Nuss-Vollkornbrot

1. Die Pinienkerne in einer beschichteten Pfanne ohne Fett goldgelb rösten und beiseitestellen.
2. Die Paprikaschote längs halbieren, putzen, waschen und in feine Streifen oder Würfel schneiden.
3. Die Rucolablätter waschen und trocken schütteln, grobe Stiele entfernen. Den Rucola grob hacken, mit dem Hüttenkäse vermischen und mit Salz sowie Pfeffer würzen.
4. Die Brotscheiben mit dem Rucola-Hüttenkäse bestreichen, mit den Paprikastreifen oder -würfeln belegen und mit den gerösteten Pinienkernen bestreuen.

TIPP:

Statt frischer kann man auch einmal geröstete und in Öl eingelegte Paprikaschoten aus dem Glas verwenden. Diese vor dem Kleinschneiden aber unbedingt auf Küchenpapier abtropfen lassen, damit sie nicht zu ölig sind.

PRO PERSON: 250 kcal • **EIWEISS:** 18 g • **FETT:** 8 g • **KOHLENHYDRATE:** 26 g • **ZUBEREITUNG:** 15 Min. • **PREIS:** ca. 0,65 Euro

Vollkornbrot mit Möhren-Creme

Zutaten für 4 Personen

2 Möhren
1 EL Zitronensaft
1/2 Bund Schnittlauch
1/2 Bund Petersilie
150 g saure Sahne
Meersalz
Pfeffer aus der Mühle
Currypulver
4 Scheiben feines Vollkornbrot
1 EL gehackte Walnusskerne

1. Die Möhren putzen, schälen und auf der Gemüsereibe grob raspeln. Die Möhrenraspel mit dem Zitronensaft mischen.
2. Die Kräuter waschen und trocken schütteln. Den Schnittlauch in Röllchen schneiden, die Petersilienblätter fein hacken.
3. Die saure Sahne mit der Hälfte der Möhrenraspel und der Hälfte der Kräuter verrühren, mit Salz, Pfeffer und Currypulver würzen.
4. Die Möhren-Creme auf den Broten verteilen und mit den restlichen Möhrenraspeln garnieren. Die restlichen Kräuter und die gehackten Walnusskerne darüberstreuen.

TIPP:

Falls die Möhren nicht sehr schmutzig sind, reicht es, wenn Sie diese unter fließendem Wasser mit einer Gemüsebürste abschrubben. Den Schnittlauch können Sie auch prima mit einer Küchenschere in Röllchen schneiden.

PRO PERSON: 180 kcal • **EIWEISS:** 5 g • **FETT:** 9 g • **KOHLENHYDRATE:** 19 g • **ZUBEREITUNG:** 15 Min. • **PREIS:** ca. 0,60 Euro

Beerenquark mit Mohn und Orangen

Zutaten für 4 Personen

400 g gemischte Beeren (z. B. Erdbeeren, Heidelbeeren, Himbeeren)
2 große Orangen
3 EL Pinienkerne
1 EL Mohnsamen
200 g Speisequark (Magerstufe)
200 g Cremequark (0,2 % Fett)
4 EL saure Sahne
2 TL flüssiger Honig oder Ahornsirup

1. Die Beeren verlesen bzw. waschen, putzen und abtropfen lassen, Erdbeeren vierteln.
2. Eine Orange mit einem scharfen Messer so großzügig schälen, dass auch die weiße Haut mit entfernt wird. Die Fruchtfilets zuerst aus den Trennhäuten, dann in Stücke schneiden, dabei den Saft auffangen. Die zweite Orange quer halbieren und den Saft auspressen.
3. Die Pinienkerne und die Mohnsamen nacheinander in einer beschichteten Pfanne ohne Fett anrösten, dann herausnehmen und auf Tellern abkühlen lassen.
4. Den Orangensaft mit den beiden Quarksorten, der sauren Sahne und dem Honig oder dem Ahornsirup verrühren. Die gerösteten Pinienkerne und die Mohnsamen unterrühren. Zuletzt zwei Drittel der Beeren und die Orangenstücke untermischen. Den Beerenquark auf Schälchen verteilen und mit den restlichen Beeren garnieren.

TIPP:

Außerhalb der Saison kann man auch tiefgekühlte Beeren verwenden, die es sogar schon als Fertig-Beerenmischung gibt. Wer möchte, kann die Mohnsamen vor dem Anrösten in der Pfanne in einem Mörser noch leicht zerreiben – das Mohnaroma verstärkt sich dadurch.

PRO PERSON: 270 kcal • **EIWEISS:** 18 g • **FETT:** 8 g • **KOHLENHYDRATE:** 30 g • **ZUBEREITUNG:** 15 Min. • **PREIS:** ca. 1,- Euro

Joghurt-Quark mit Feigen und Nüssen

Zutaten für 4 Personen

2 Feigen
4 Datteln
1 kleine Banane
100 g Weintrauben
300 g Speisequark (Magerstufe)
300 g Naturjoghurt (fettarm)
2 TL Zitronensaft
2 EL flüssiger Honig
2 TL Pinienkerne
2 TL Mandeln
2 TL Walnuss- oder Pekannusskerne

1. Die Feigen und die Datteln waschen und trocken reiben. Die Feigen halbieren, die Datteln ebenfalls teilen und die Steine entfernen. Die Banane schälen und in Scheiben schneiden. Die Weintrauben waschen und je nach Größe halbieren.
2. Quark, Joghurt und Zitronensaft in einer Schüssel glatt verrühren und etwa zwei Drittel davon auf Dessertschälchen verteilen. $1\frac{1}{2}$ EL Honig darüberträufeln und den restlichen Joghurt-Quark darauf geben.
3. Je eine Feigenhälfte, zwei Dattelhälften, die Bananenscheiben und die Trauben auf dem Joghurt-Quark anrichten. Pinienkerne, Mandeln und Walnuss- oder Pekannusskerne darüberstreuen. Die Früchte und die Nüsse mit dem restlichen Honig beträufeln.

TIPP:

Liebhaber eines intensiven Nussaromas rösten die Nüsse zunächst in einer beschichteten Pfanne leicht an, lassen sie etwas abkühlen und geben sie dann auf den Joghurt-Quark. Achten Sie beim Kauf der Feigen darauf, dass diese richtig reif sind. Die Früchte geben dann auf Fingerdruck leicht nach und duften intensiv.

PRO PERSON: 265 kcal • **EIWEISS:** 15 g • **FETT:** 6 g • **KOHLENHYDRATE:** 36 g • **ZUBEREITUNG:** 10 Min. • **PREIS:** ca. 0,90 Euro

Möhren-Drink mit Ingwer

Zutaten für 4 Personen

4 junge Bundmöhren
1 Zitrone
10 g Ingwer
300 ml Apfelsaft
1/2 l Möhrensaft
1 TL Öl
4 EL zarte Haferflocken (40 g)
Pfeffer aus der Mühle (nach Belieben)

1. Die Möhren putzen, dabei etwa 2 cm Grün stehen lassen. Die Möhren unter fließend kaltem Wasser gründlich abbürsten oder schälen.
2. Die Zitrone halbieren und den Saft auspressen. Den Ingwer schälen und fein reiben. Den Ingwer in ein feines Sieb geben, den Saft ausdrücken und auffangen.
3. Apfel-, Möhren-, Zitronen- und Ingwersaft zusammen mit dem Öl und den Haferflocken in den Mixer geben und kräftig durchmixen. Den Möhren-Drink nach Belieben mit wenig Pfeffer würzen und in Gläser füllen. Die geputzten Möhren in die Gläser stellen und den Drink servieren.

TIPP:

Wer eine Knoblauchpresse hat, kommt noch viel schneller und einfacher an den Ingwersaft: Den Ingwer schälen, grob zerkleinern und durch die Knoblauchpresse drücken. Falls Ihren Kindern der Ingwer zu scharf ist oder sie den Geschmack nicht mögen, lassen Sie ihn einfach weg. Probieren Sie stattdessen einmal etwas Zitronenmelisse aus, die mit in den Mixer gegeben wird.

PRO PERSON: 130 kcal • **EIWEISS:** 3 g • **FETT:** 1 g • **KOHLENHYDRATE:** 26 g • **ZUBEREITUNG:** 10 Min. • **PREIS:** ca. 0,35 Euro

Apfel-Zimt-Muffins mit Buttermilch

Zutaten für 12 Stück

Butter für die Muffinform
300 g Äpfel · 2 EL Zitronensaft
250 g Dinkelvollkornmehl (oder Weizenvollkornmehl)
2 1/2 TL Backpulver · 1/2 TL Natron
2 TL Zimtpulver
1 Ei · 100 g Vollrohrzucker
1 Päckchen Vanillezucker
80 ml Öl
250 g Buttermilch
Für die Streusel:
100 g Dinkelvollkornmehl
80 g Vollrohrzucker
80 g weiche Butter
1 TL Zimtpulver
Puderzucker zum Bestäuben

1. Den Backofen auf 180 °C vorheizen. Für die Muffins die Vertiefungen einer Muffinform einfetten oder Papierförmchen hineinsetzen.
2. Die Äpfel schälen, vierteln, entkernen und in kleine Stücke schneiden. Die Äpfel sofort mit dem Zitronensaft beträufeln. Mehl, Backpulver, Natron und Zimt in einer Schüssel mischen, die Apfelstücke unterrühren.
3. In einer zweiten Schüssel das Ei verquirlen, den Zucker, den Vanillezucker, das Öl und die Buttermilch dazugeben und gut verrühren.
4. Die Eiermasse mit der trockenen Apfel-Mehl-Mischung nur so lange verrühren, bis alle Zutaten feucht sind.
5. Für die Streusel Mehl, Zucker, Butter und Zimt in einer Schüssel mit den Händen bröselig verkneten.
6. Den Teig maximal drei Viertel hoch in die Vertiefungen der Muffinform füllen, mit Streuseln bestreuen und diese etwas andrücken.
7. Die Muffins im vorgeheizten Ofen auf der mittleren Schiene 20 bis 25 Minuten goldbraun backen. Herausnehmen und 5 Minuten ruhen lassen. Die Muffins aus der Form lösen, und abkühlen lassen. Zum Servieren mit Puderzucker bestäuben.

PRO STÜCK: 300 kcal • **EIWEISS:** 5 g • **FETT:** 14 g • **KOHLENHYDRATE:** 38 g • **ZUBEREITUNG:** 50 Min. • **PREIS:** ca. 0,20 Euro

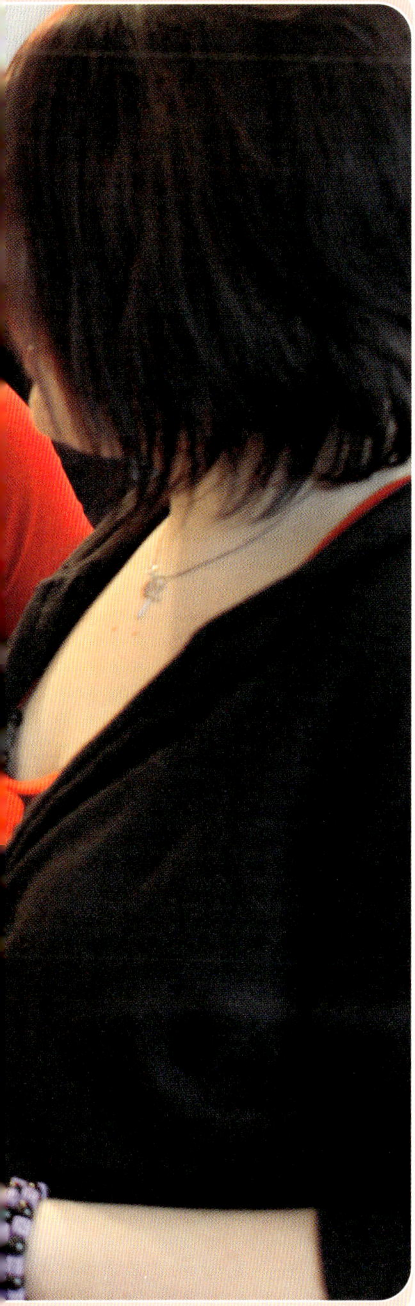

Mittagessen

Wenn mittags der Magen knurrt, muss schnell eine Mahlzeit auf den Tisch. Leicht sollte sie sein, aber dennoch sättigend, und den Körper mit reichlich Vitaminen und Mineralstoffen versorgen. Lassen Sie sich von unseren Rezepten inspirieren!

Zucchini-Pfanne mit Pute

Nur 4 Zutaten kaufen (für 4 Personen)

3 Zucchini (ca. 500 g)

2 Auberginen (ca. 500 g)

3 Fleischtomaten (ca. 600 g)

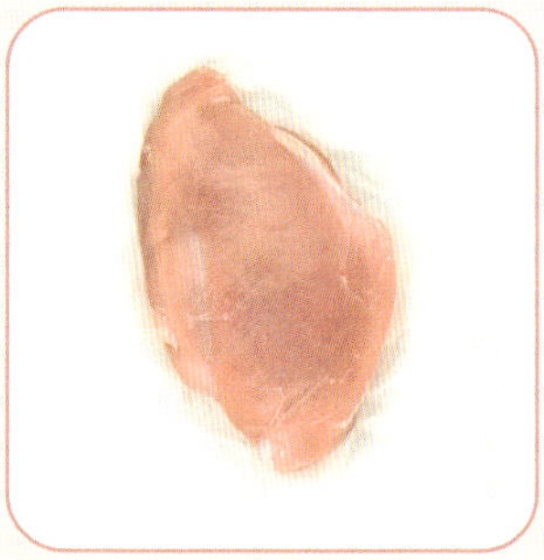

400 g Putenbrust

Aus dem Vorrat: 2 EL Olivenöl · Meersalz · Pfeffer aus der Mühle · 1 EL Aceto balsamico · Zucker 250 g Vollkornnudeln (z. B. Penne)

1. Die Zucchini und die Auberginen putzen, waschen und in etwa 1 1/2 cm große Würfel schneiden. Die Tomaten waschen und halbieren, dabei den Stielansatz entfernen. Die Kerne mit einem Löffel herauslösen, das Fruchtfleisch in Würfel schneiden.
2. Das Putenfleisch waschen und mit Küchenpapier trocken tupfen. Das Fleisch in schmale Streifen schneiden.
3. Das Öl in einer Pfanne erhitzen und die Putenstreifen darin bei starker Hitze rundherum kräftig anbraten. Zucchini-, Auberginen- und Tomatenwürfel dazugeben, mit Salz, Pfeffer, dem Essig und 1 Prise Zucker würzen. Zugedeckt bei schwacher bis mittlerer Hitze etwa 10 Minuten gar schmoren.
4. Inzwischen die Nudeln in reichlich Salzwasser nach Packungsanweisung bissfest garen. Abgießen, abtropfen lassen und auf Teller verteilen. Die Fleisch-Gemüse-Mischung daraufgeben und die Zucchini-Pfanne nach Belieben mit Basilikum garnieren.

TIPP:

Vollkornnudeln gibt es mittlerweile wie ihre weißen Pendants in den unterschiedlichsten Formen. Je nach Hersteller und Sorte haben sie meist einen braunen Farbton. Für alle, die sich damit nicht anfreunden können, sind jedoch mittlerweile auch helle Vollkornnudeln im Supermarkt erhältlich.

PRO PERSON: 425 kcal • **EIWEISS:** 38 g • **FETT:** 9 g • **KOHLENHYDRATE:** 48 g • **ZUBEREITUNG:** 1 Std. • **PREIS:** ca. 1,75 Euro

Kräutereier aus dem Ofen

Nur 4 Zutaten kaufen (für 4 Personen)

6 große Eier

3 Bund gemischte Kräuter (siehe Tipp)

60 g saure Sahne

4 Scheiben Vollkorntoastbrot

Aus dem Vorrat: 1 kleine Zwiebel (ca. 50 g) · 1 EL Senf · Meersalz · Pfeffer aus der Mühle 2 EL Butter (20 g) · 2 EL Olivenöl · 1 EL Zitronensaft

1. Die Eier in kochendes Wasser geben und 8 Minuten hart kochen. Abgießen, kalt abschrecken und pellen. Die Eier längs halbieren und die Eigelbe mit einem Löffel herauslösen. Den Backofen auf 200 °C vorheizen.
2. Die Zwiebel schälen und sehr fein hacken. Die Kräuter waschen, trocken schütteln und die Hälfte davon beiseitelegen. Von den restlichen Kräutern die Blättchen abzupfen und fein hacken. Die gehackten Kräuter mit Zwiebel, Senf, saurer Sahne und Eigelben verrühren. Die Masse mit Salz und Pfeffer würzen und in die Eihälften füllen. Die Eier nebeneinander in eine ofenfeste Form geben.
3. Die Butter in einem kleinen Topf zerlassen, das Öl und den Zitronensaft unterrühren. Die Buttermischung über die gefüllten Eier verteilen und diese im vorgeheizten Backofen etwa 10 Minuten goldbraun überbacken.
4. Die beiseitegelegten Kräuter waschen, trocken schütteln und auf einer Platte verteilen. Die überbackenen Eier darauf anrichten und sofort servieren. Die Brotscheiben toasten und mit den Kräutereiern servieren.

TIPP:

Große, gemischte Kräutersträuße gibt es am ehesten im Frühling auf dem Wochenmarkt. Sie werden oft als »Grüne-Saucen-Kräuter« angeboten und bestehen je nach Verfügbarkeit z. B. aus Petersilie, Kerbel, Estragon, Dill, Sauerampfer, Bärlauch und Schnittlauch. Genauso gut können Sie aber je 1 großes Bund Petersilie, Schnittlauch und Dill verwenden – diese erhalten Sie problemlos in jedem Supemarkt. Achtung: Sehr dominante Kräuter wie Salbei oder Rosmarin eignen sich nicht!

PRO PERSON: 295 kcal • **EIWEISS:** 14 g • **FETT:** 23 g • **KOHLENHYDRATE:** 9 g • **ZUBEREITUNG:** 1 Std. • **PREIS:** ca. 1,20 Euro

Geflügelsalat mit Gemüse

Zutaten für 4 Personen

100 g Erbsen (tiefgekühlt)
500 g Lauch
200 g kleine Champignons
400 g Geflügelfleisch (z. B. Pute oder Hähnchen)
4 EL Olivenöl
Meersalz
Pfeffer aus der Mühle
1 Prise Zucker
1 rote Paprikaschote
4 EL Limettensaft
1–2 unbehandelte Limetten (nach Belieben zum Dekorieren)

1. Die Erbsen auftauen lassen. Den Lauch putzen, waschen und in dünne Ringe schneiden. Die Erbsen in reichlich kochendem Salzwasser etwa 3 Minuten, die Lauchringe etwa 2 Minuten blanchieren. Das Gemüse in ein Sieb abgießen und mit kaltem Wasser abschrecken.
2. Die Champignons putzen und vierteln. Das Geflügelfleisch waschen, mit Küchenpapier trocken tupfen und in mundgerechte Stücke schneiden. 1 EL Öl in einer Pfanne erhitzen und das Fleisch darin etwa 5 Minuten rundherum braun anbraten. Aus der Pfanne nehmen, mit Salz und Pfeffer würzen und abkühlen lassen.
3. In der Pfanne 1 EL Öl erhitzen und die Champignons bei starker Hitze anbraten, bis sie Farbe bekommen. Mit Salz, Pfeffer und Zucker würzen, aus der Pfanne nehmen und abkühlen lassen. Die Paprikaschote längs halbieren, putzen, waschen und in kleine Würfel schneiden.
4. In einer großen Schüssel aus Limettensaft, Salz, Pfeffer und dem restlichen Olivenöl mit dem Schneebesen eine cremige Salatsauce rühren. Alle vorbereiteten Zutaten mit der Salatsauce vermischen und den Salat vor dem Servieren zugedeckt noch etwa 5 Minuten durchziehen lassen (oder bis zu einem Tag zugedeckt im Kühlschrank aufbewahren). Den Salat zum Servieren auf Salatschälchen verteilen. Nach Belieben mit Streifen von Limettenschale und Limettenspalten dekorieren.

TIPP:

Das Dressing lässt sich prima vorbereiten und in einem Glas mit Twist-Off-Deckel drei bis vier Tage im Kühlschrank aufbewahren. So haben Sie es immer rasch zur Hand und müssen es nur noch mit den restlichen Salatzutaten vermischen.

PRO PERSON: 275 kcal • **EIWEISS:** 29 g • **FETT:** 12 g • **KOHLENHYDRATE:** 13 g • **ZUBEREITUNG:** 20 Min. • **PREIS:** ca. 1,45 Euro

Leichter Waldorfsalat mit Walnüssen

Zutaten für 4 Personen

2 säuerliche Äpfel (z.B. Boskop)
250 g Knollensellerie
Saft von 1 Zitrone
100 g saure Sahne
3 EL Salatcreme (ca. 10 % Fett)
Meersalz
Pfeffer aus der Mühle
Zucker
100 g Walnusskernhälften
einige schöne Salatblätter
einige Streifen unbehandelte Orangenschale (nach Belieben)

1. Die Äpfel vierteln, schälen und die Kerngehäuse entfernen. Den Sellerie putzen, schälen und mit den Apfelvierteln auf der Gemüsereibe grob raspeln oder in feine Streifen schneiden. Sofort mit Zitronensaft beträufeln.
2. Für das Dressing die saure Sahne mit der Salatcreme zu einer glatten, cremigen Sauce verrühren. Das Dressing mit Salz, Pfeffer und Zucker abschmecken.
3. Von den Walnüssen einige schöne Hälften zum Garnieren beiseitelegen, den Rest hacken. Das Dressing mit den Äpfeln, dem Sellerie und den gehackten Nüssen vermischen.
4. Die Salatblätter putzen, waschen und trocken schütteln. Nach Belieben in mundgerechte Stücke zupfen und auf Teller verteilen.
5. Den Waldorfsalat auf den Salatblättern anrichten, mit den beiseitegelegten Walnusshälften und nach Belieben mit Streifen von Orangenschale garnieren.

PRO PERSON: 290 kcal • **EIWEISS:** 6 g • **FETT:** 23 g • **KOHLENHYDRATE:** 15 g • **ZUBEREITUNG:** 20 Min. • **PREIS:** ca. 0,70 Euro

Reissalat mit Bohnen und Kürbis

Zutaten für 4 Personen

150 g Langkornreis (Parboiled-Reis oder Vollkornreis)
Meersalz
2 Frühlingszwiebeln
200 g Kürbisfruchtfleisch
150 g dicke Bohnen (tiefgekühlt)
2 EL Olivenöl
1/4 l Gemüsebrühe
gemahlener Kümmel
3 EL Zitronensaft
Pfeffer aus der Mühle
2 EL Erdnusskerne
1 EL gehackte Petersilie
1 kleine Salatgurke

1. Den Reis in 300 ml leicht gesalzenem Wasser aufkochen und bei schwacher Hitze zugedeckt etwa 15 Minuten (Vollkornreis 30 bis 40 Minuten) quellen lassen.
2. Inzwischen die Frühlingszwiebeln putzen, waschen und in Ringe schneiden. Das Kürbisfleisch in Würfel schneiden. Die Bohnen in Salzwasser 2 Minuten blanchieren. In ein Sieb abgießen, abschrecken und abtropfen lassen.
3. Das Öl in einer großen Pfanne erhitzen, Frühlingszwiebeln, Kürbiswürfel und Bohnen darin andünsten. Die Brühe angießen, aufkochen lassen und mit 1 Prise Kümmel würzen. Etwa 15 Minuten offen köcheln lassen, bis die Flüssigkeit verdampft ist. Etwas abkühlen lassen, dann mit Zitronensaft, Salz und Pfeffer abschmecken. Den Reis untermischen.
4. Die Erdnüsse grob hacken und mit der Petersilie unter den Reis rühren. Den Salat etwa 30 Minuten durchziehen lassen. Die Gurke putzen, waschen und in dünne Scheiben hobeln. Den Salat mit den Gurken garnieren.

TIPP:

Eine gute Alternative zu Vollkornreis ist Parboiled-Reis, bei dem durch ein spezielles Verfahren nahezu alle Vitamine und Mineralstoffe des ganzen Korns erhalten bleiben.

PRO PERSON: 275 kcal • **EIWEISS:** 8 g • **FETT:** 8 g • **KOHLENHYDRATE:** 41 g • **ZUBEREITUNG:** 1 Std. • **PREIS:** ca. 0,70 Euro

Gemüsesuppe mit Grießklößchen

Zutaten für 4 Personen

1/2 Bund Petersilie
1/2 Bund Schnittlauch
40 g weiche Butter
60 g Hartweizengrieß
(am besten Weizenvollkorngrieß)
1 Ei
Meersalz
Pfeffer aus der Mühle
frisch geriebene Muskatnuss
1 kleiner Blumenkohl (ca. 500 g)
2 Möhren (ca. 200 g)
2 kleine Kohlrabi (ca. 300 g)
100 g Zuckerschoten
1 1/4 l Gemüsebrühe
Kräuterblüten (nach Belieben, z.B. Borretsch oder Schnittlauch)

1. Petersilie und Schnittlauch waschen und trocken schütteln. Die Petersilienblätter von den Stielen zupfen und fein hacken, den Schnittlauch in feine Röllchen schneiden.
2. Für die Klößchen die Butter schaumig rühren. Nach und nach den Grieß und das Ei unterrühren, mit Salz, Pfeffer und 1 Prise Muskatnuss würzen. Je 1 EL Petersilie und Schnittlauch unterrühren und den Teig zugedeckt 30 Minuten quellen lassen.
3. Inzwischen den Blumenkohl putzen, waschen und in kleine Röschen teilen. Möhren und Kohlrabi putzen und schälen. Die Möhren in dünne Scheiben, die Kohlrabi in kleine Würfel schneiden. Die Zuckerschoten waschen und putzen, falls nötig in Stücke schneiden.
4. Reichlich Salzwasser zum Kochen bringen. Aus der Grießmasse mit zwei Teelöffeln Klößchen abstechen und im Salzwasser knapp unter dem Siedepunkt 15 bis 20 Minuten ziehen lassen.
5. Inzwischen die Brühe in einem großen Topf zum Kochen bringen. Blumenkohlröschen, Kohlrabiwürfel und Möhrenscheiben darin etwa 8 Minuten garen. Die Zuckerschoten dazugeben und 1 weitere Minute mitgaren.
6. Die Suppe mit Salz und Pfeffer abschmecken. Die Klößchen mit dem Schaumlöffel aus dem Wasser heben und auf Schälchen oder Suppentassen verteilen. Die Gemüsesuppe darübergeben, mit den restlichen Kräutern und nach Belieben mit Kräuterblüten garniert servieren.

TIPP:

Falls Sie Vollkorngrieß verwenden, sollten Sie den Grießklößchenteig auf jeden Fall mit einem großen Ei zubereiten. Denn Grieß oder Mehl aus Vollkorngetreide braucht durch den hohen Kleieanteil mehr Flüssigkeit zum Quellen als die üblichen hellen Varianten. Statt Weizengrieß können Sie für die Klößchen auch Polenta (Maisgrieß) verwenden.

PRO PERSON: 230 kcal • **EIWEISS:** 10 g • **FETT:** 11 g • **KOHLENHYDRATE:** 22 g • **ZUBEREITUNG:** 1 Std. • **PREIS:** ca. 1,30 Euro

Bohneneintopf mit Tofu

Zutaten für 4 Personen

200 g grüne Bohnen (tiefgekühlt)
1 EL Zitronensaft
100 g Kidneybohnen (aus der Dose)
100 g Mais (aus der Dose)
1 große Zwiebel
250 g geräucherter Tofu
2 EL Rapsöl
1 Zweig Bohnenkraut
200 ml Gemüsebrühe
3 EL Sojasauce
2 EL Crème légère

1. In einem Topf Salzwasser mit dem Zitronensaft zum Kochen bringen. Die grünen Bohnen unaufgetaut hineingeben, aufkochen und etwa 10 Minuten garen. In ein Sieb abgießen und kalt abschrecken. Die Kidneybohnen und den Mais in ein Sieb geben, gründlich mit Wasser abspülen und abtropfen lassen. Die Zwiebel schälen und in feine Würfel schneiden. Den Tofu in etwa 1 1/2 cm große Würfel schneiden.
2. In einem Topf das Öl erhitzen und die Zwiebelwüfel darin glasig dünsten. Die Tofuwürfel dazugeben und 3 Minuten mitgaren. Inzwischen das Bohnenkraut waschen und trocken schütteln. Die Blättchen von den Zweigen zupfen und fein hacken. Die Brühe zur Tofu-Zwiebel-Mischung gießen. Alles aufkochen lassen und mit der Sojasauce sowie dem Bohnenkraut abschmecken. Die grünen Bohnen, die Kidneybohnen und den Mais dazugeben. Den Eintopf nochmals erhitzen.
3. Kurz vor dem Servieren die Crème légère unter den Bohneneintopf rühren und diesen in Suppentassen oder -schälchen anrichten. Dazu passt Vollkornbrot.

TIPP:

Bohnenkraut macht Hülsenfruchtgerichte bekömmlicher und rundet den Geschmack vor allem von grünen Bohnen perfekt ab. Wenn möglich, sollten Sie frisches oder tiefgekühltes Bohnenkraut verwenden, da getrocknetes viel Aroma eingebüßt hat. Wenn frische grüne Bohnen Saison haben, können Sie natürlich auch diese verwenden. Diese sollten Sie putzen, waschen und eventuell in Stücke schneiden.

PRO PERSON: 175 kcal • **EIWEISS:** 10 g • **FETT:** 10 g • **KOHLENHYDRATE:** 11 g • **ZUBEREITUNG:** 45 Min. • **PREIS:** ca. 0,85 Euro

Linguine mit Balsamico-Linsen

Zutaten für 4 Personen

250 g braune Linsen
2 Tomaten
1 Möhre
1 Stange Staudensellerie
1 Zwiebel
2 Knoblauchzehen
1 grüne Chilischote
2 EL Olivenöl
1/8 l Gemüsebrühe
400 g Vollkorn-Linguine (ersatzweise andere lange, dünne Vollkornnudeln)
Meersalz
100 g Rucola
Pfeffer aus der Mühle
2 EL Aceto balsamico

1 Die Linsen waschen und mit Wasser bedeckt über Nacht einweichen. Die Tomaten kreuzweise einritzen, überbrühen, häuten, entkernen und in Würfel schneiden. Die Möhre putzen, schälen und in kleine Würfel schneiden. Den Sellerie putzen, waschen und in kleine Würfel schneiden.

2 Die Zwiebel und den Knoblauch schälen und in feine Würfel schneiden. Die Chilischote putzen, längs halbieren, entkernen, waschen und in feine Streifen schneiden.

3 Das Öl in einem großen Topf erhitzen, Zwiebel, Knoblauch und Chili darin andünsten. Die Linsen samt Einweichwasser und Brühe hinzufügen und 20 Minuten köcheln lassen. Tomaten, Möhren- und Selleriewürfel dazugeben und weitere 10 Minuten garen.

4 Inzwischen die Linguine nach Packungsanweisung in reichlich kochendem Salzwasser bissfest garen. Rucola putzen, waschen und trocken schütteln. Grobe Stiele entfernen, die Blätter in Stücke zupfen.

5 Die Linguine abgießen und abtropfen lassen. Die Linsen mit Salz, Pfeffer sowie dem Aceto balsamico würzen und unter die Linguine rühren. Die Nudeln auf Teller verteilen, mit Rucola garnieren und sofort servieren.

PRO PERSON: 595 kcal • **EIWEISS:** 30 g • **FETT:** 9 g • **KOHLENHYDRATE:** 97 g • **ZUBEREITUNG:** 40 Min. • **PREIS:** ca. 1,- Euro

Thunfisch mit Gurkengemüse

Zutaten für 4 Personen

4 Thunfischfilets (à ca. 160 g)
3 EL Limettensaft
Meersalz
Pfeffer aus der Mühle
1 kleine Avocado (ca. 150 g)
150 g saure Sahne
1 TL Meerrettich (frisch gerieben oder aus dem Glas)
ca. 3 EL Milch (fettarm)
1 Salatgurke
2 EL Öl

1. Die Fischfilets waschen und mit Küchenpapier trocken tupfen. Mit 2 EL Limettensaft beträufeln und mit Salz und Pfeffer würzen.
2. Die Avocado halbieren und den Stein entfernen. Das Fruchtfleisch mit einem Löffel herauslösen und mit der sauren Sahne, dem Meerrettich, dem restlichen Limettensaft und der Milch zu einer glatten, cremigen Sauce verrühren. Die Sauce mit Salz und Pfeffer abschmecken und in Schälchen anrichten.
3. Die Gurke waschen und längs halbieren, die Kerne mit einem Löffel entfernen und die Gurkenhälften in 1 cm dicke Stifte schneiden.
4. In einer Pfanne das Öl erhitzen und den Fisch darin auf beiden Seiten je 3 Minuten braten.
5. Die Gurkenstifte mit den Fischfilets auf Tellern anrichten und die Avocadosauce dazu servieren. Nach Belieben mit in Streifen geschnittenen jungen Spinatblättern garnieren.

TIPP:

Statt Thunfischfilets können Sie auch Schwertfischfilets verwenden. Sie passen ebenfalls sehr gut zum Gurkengemüse.

PRO PERSON: 565 kcal • **EIWEISS:** 37 g • **FETT:** 43 g • **KOHLENHYDRATE:** 6 g • **ZUBEREITUNG:** 20 Min. • **PREIS:** ca. 3,55 Euro

Gefüllte Tomaten mit Couscous

Zutaten für 4 Personen

200 ml Gemüsebrühe
1 EL Öl
100 g Couscous
4 Fleischtomaten (à ca. 250 g)
2 Frühlingszwiebeln
1/2 Bund Petersilie
1/4 TL Kreuzkümmelpulver (siehe Tipp)
Meersalz
Pfeffer aus der Mühle
3 EL Naturjoghurt (fettarm)

1. In einem kleinen Topf die Brühe zum Kochen bringen. Das Öl dazugeben, dann den Couscous unter Rühren einstreuen und zugedeckt bei schwacher Hitze 10 Minuten quellen lassen.
2. Inzwischen die Fleischtomaten waschen, abtrocknen und die Stielansätze herausschneiden. Von jeder Tomate auf der Stielansatzseite einen Deckel abschneiden. Die Tomaten vorsichtig mit einem Teelöffel aushöhlen. Die Deckel und das ausgelöste Tomatenfruchtfleisch in feine Würfel schneiden.
3. Die Frühlingszwiebeln putzen, waschen und in sehr feine Würfel schneiden. Die Petersilie waschen, trocken schütteln und fein hacken. Tomatenwürfel, Frühlingszwiebeln und Petersilie unter den Couscous mischen. Mit Kreuzkümmel, Salz und Pfeffer abschmecken. Zum Schluss den Joghurt unterrühren.
4. Die Couscous-Mischung in die ausgehöhlten Fleischtomaten füllen und nach Belieben mit Petersilienblättern garnieren.

TIPP:

Kreuzkümmel, auch unter der Bezeichnung »Cumin« erhältlich, ist ein typisches Gewürz der orientalischen Küche. Verwechseln Sie ihn nicht mit dem bei uns herkömmlichen Kümmel – dieser schmeckt ganz anders. Falls Sie das Gewürz nicht zu Hand haben, würzen Sie den Couscous stattdessen mit etwas Curry- oder Paprikapulver.

PRO PERSON: 160 kcal • **EIWEISS:** 6 g • **FETT:** 4 g • **KOHLENHYDRATE:** 25 g • **ZUBEREITUNG:** 20 Min. • **PREIS:** ca. 0,70 Euro

Sommersalat mit Käsewürfeln

Zutaten für 4 Personen

½ Salatgurke
150 g gemischte Blattsalate (z. B. Friséesalat, Radicchio, Pflücksalat, Feldsalat)
1 Bund Rucola
250 g kleine Tomaten
200 g Käse (am Stück; z. B. fettarmer Leerdamer)
3 EL Weißweinessig
2 TL mittelscharfer Senf
Meersalz
Pfeffer aus der Mühle
Zucker
1 Knoblauchzehe
50 ml Olivenöl
essbare Blüten zum Garnieren (siehe Tipp)

1. Die Gurke schälen und längs halbieren. Die Kerne mit einem Löffel entfernen und die Gurke in kleine Würfel schneiden.
2. Die Blattsalate in einzelne Blätter teilen, dabei die äußeren, welken Blätter entfernen. Die Blätter waschen, trocken schütteln und in mundgerechte Stücke zupfen. Den Rucola verlesen, waschen und trocken schütteln, grobe Stiele entfernen und die Blätter in mundgerechte Stücke zupfen.
3. Die Tomaten waschen und vierteln, dabei die Stielansätze entfernen. Den Käse entrinden, zuerst in dickere Scheiben, dann in Würfel schneiden.
4. Für die Vinaigrette Essig, Senf, Salz, Pfeffer und Zucker in einer kleinen Schüssel mit einem Schneebesen verrühren. Den Knoblauch schälen, in feine Würfel schneiden und dazugeben. Dann nach und nach das Öl unterschlagen. Gurke, Blattsalate, Rucola und Tomaten in einer Schüssel mit der Vinaigrette mischen. Mit den Käsewürfeln bestreuen und mit Blüten garniert servieren.

TIPP:

Essbare Blüten sind nicht nur ausgesprochen dekorativ, sie bereichern den Salat auch geschmacklich: Geeignet sind z. B. lilafarbene Borretschblüten, die Blüten der Kapuzinerkresse oder auch Gänseblümchen.

PRO PERSON: 270 kcal • **EIWEISS:** 16 g • **FETT:** 21 g • **KOHLENHYDRATE:** 4 g • **ZUBEREITUNG:** 20 Min. • **PREIS:** ca. 1,- Euro

Vollkorn-Penne mit Paprika-Pesto

Zutaten für 4 Personen

4 rote Paprikaschoten
40 g geriebener Parmesan
Meersalz
Pfeffer aus der Mühle
1 Prise Zucker
2 EL Aceto balsamico
einige Spritzer Tabasco (nach Belieben)
1 großes Bund Basilikum
450 g Vollkorn-Penne
3 kleine Zucchini
3 EL Olivenöl
3 Knoblauchzehen
4 EL Pinienkerne

1. Die Paprikaschoten längs halbieren, putzen, waschen, vierteln und mit der Hautseite nach oben auf ein mit Backpapier ausgelegtes Backblech legen. Den Backofengrill einschalten und die Paprikastücke etwa 10 Minuten grillen, bis sich auf der Haut Blasen bilden. Die Paprikastücke aus dem Ofen nehmen und mit einem feuchten Küchentuch zugedeckt abkühlen lassen. Die Haut vorsichtig mithilfe eines kleinen Messers abziehen.
2. Die Paprikastücke mit der Hälfte des Parmesans, Salz, Pfeffer und Zucker mit dem Stabmixer pürieren. Dann mit dem Aceto balsamico und nach Belieben einigen Spritzern Tabasco abschmecken. Das Basilikum waschen und trocken schütteln. Die Blätter von den Stielen zupfen, sehr fein hacken und unter die Paprikamasse mischen.
3. Die Nudeln in reichlich Salzwasser nach Packungsanweisung bissfest garen. Inzwischen die Zucchini putzen, waschen und in feine Stifte schneiden. Das Öl in einer großen Pfanne erhitzen, den Knoblauch schälen und dazupressen. Die Zucchinistifte und die Pinienkerne dazugeben und alles unter ständigem Rühren anbraten.
4. Die Nudeln abgießen und abtropfen lassen. Zum Zucchinigemüse in die Pfanne geben, durchschwenken und noch etwa 3 Minuten ziehen lassen. Die Nudeln mit dem Paprika-Pesto auf Tellern anrichten.

TIPP:

Falls Ihnen das Häuten der Paprikaschoten zu aufwendig ist, können Sie auf gegrillte Paprikaschoten aus dem Glas zurückgreifen. Da diese meist in Öl eingelegt sind, sollten Sie die Paprikastücke zunächst sehr gut mit Küchenpapier abtupfen.

PRO PERSON: 615 kcal • **EIWEISS:** 24 g • **FETT:** 20 g • **KOHLENHYDRATE:** 82 g • **ZUBEREITUNG:** 40 Min. • **PREIS:** ca. 1,70 Euro

Snacks

Damit Schokolade gar nicht erst in Versuchung führt, sollten Sie für zwischendurch etwas Gesundes parat haben. Die einfache Variante ist Obst oder Gemüse. Doch wer freut sich nicht, wenn zur Abwechslung z. B. Wraps im Kühlschrank stehen?

Kalte Tomatensuppe mit Basilikum

Nur 4 Zutaten kaufen (für 4 Personen)

600 g Tomaten

1 Schalotte

1 Bund Basilikum

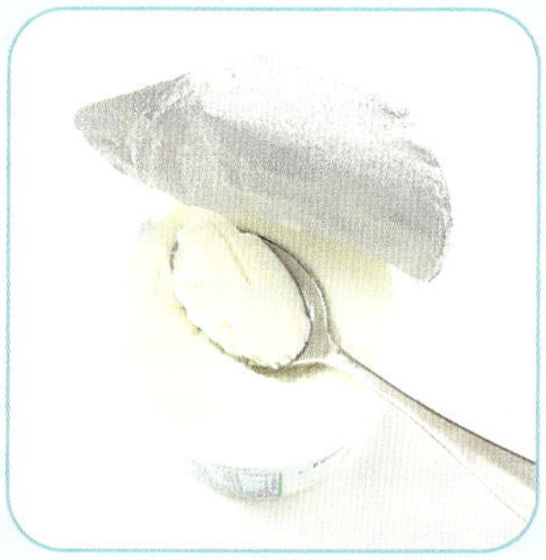
100 g saure Sahne

Aus dem Vorrat: 1 Knoblauchzehe · 2 EL Olivenöl · 750 ml Gemüsebrühe · Meersalz · Pfeffer aus der Mühle · brauner Zucker · Tabasco (nach Belieben)

1. Die Tomaten kreuzweise einritzen, überbrühen, häuten und entkernen, dabei die Stielansätze entfernen. Das Fruchtfleisch in Würfel schneiden. 2 EL Tomatenwürfel für die Deko beiseitelegen. Die Schalotte und den Knoblauch schälen und in feine Würfel schneiden. Die Hälfte des Basilikums waschen, trocken schütteln und die Blätter fein hacken.
2. Das Öl in einem großen Topf erhitzen, Schalotten- und Knoblauchwürfel darin glasig dünsten. Die Tomatenwürfel hinzufügen und kurz mitdünsten. Die Brühe dazugießen und das gehackte Basilikum unterrühren. Die Tomatensuppe zugedeckt bei schwacher Hitze etwa 20 Minuten köcheln lassen.
3. Die Tomatensuppe mit dem Stabmixer fein pürieren und mit Salz, Pfeffer, 1 Prise Zucker und Tabasco abschmecken. Die Suppe etwas abkühlen lassen und dann im Kühlschrank gut durchkühlen lassen.
4. Kurz vor dem Servieren das restliche Basilikum waschen und trocken schütteln. Die Blätter – bis auf einige für die Deko – fein hacken und unter die Suppe rühren. Die Suppe auf Suppentassen verteilen, je einige Tomatenwürfel hineingeben und mit Basilikum garnieren. Die saure Sahne separat dazu servieren.

TIPP:

Außerhalb der Tomatensaison oder wenn es ganz schnell gehen soll, können Sie die Suppe auch mit Dosentomaten zubereiten. Diese sind meist aromatischer als Treibhausware. Selbstverständlich schmeckt die Tomatensuppe auch heiß!

PRO PERSON: 130 kcal • **EIWEISS:** 3 g • **FETT:** 10 g • **KOHLENHYDRATE:** 7 g • **ZUBEREITUNG:** 40 Min. • **PREIS:** ca. 0,60 Euro

Gemüsemix mit Zitronendip

Zutaten für 4 Personen

2 große Kartoffeln
200 ml Gemüsebrühe
2 kleine Fenchelknollen
2 rote Paprikaschoten
2 Möhren
1 kleine Stange Lauch
1 Chicorée
2 EL Olivenöl
1 unbehandelte Zitrone
3 EL saure Sahne
1 EL Milch (fettarm)
Meersalz
Pfeffer aus der Mühle

1. Die Kartoffeln waschen, schälen und in mundgerechte Würfel schneiden. Die Würfel in der Gemüsebrühe etwa 10 Minuten weich garen. Die Kartoffelwürfel in ein Sieb abgießen, dabei die Gemüsebrühe auffangen. Abtropfen und abkühlen lassen.
2. Inzwischen den Fenchel putzen, waschen, längs halbieren und quer in Streifen schneiden. Die Paprikaschoten längs halbieren, entkernen und waschen, die Hälften in kleine Würfel schneiden. Die Möhren putzen, schälen und längs in schmale Streifen schneiden. Den Lauch putzen, längs halbieren, waschen und in Halbringe schneiden. Den Chicorée putzen, waschen und in Blätter teilen.
3. Das Öl in einer großen Pfanne erhitzen, Fenchel, Möhren und Lauch darin bei mittlerer Hitze zugedeckt etwa 5 Minuten dünsten. Gemüse herausnehmen und abkühlen lassen.
4. Für den Dip die Zitrone heiß abwaschen und trocken reiben, von der Schale etwa 1 TL fein abreiben und den Saft auspressen. Zitronenschale und 1 TL Saft mit der sauren Sahne und der Milch verrühren. Von den Kartoffelwürfeln 1 EL zusammen mit 2 EL von der aufgefangenen Brühe pürieren und unter den Dip rühren. Mit Salz und Pfeffer abschmecken.
5. Das Gemüse in Salatschälchen anrichten, mit etwas Dip beträufeln und den restlichen Dip separat in einem Schälchen dazu reichen.

PRO PERSON: 195 kcal • **EIWEISS:** 6 g • **FETT:** 8 g • **KOHLENHYDRATE:** 23 g • **ZUBEREITUNG:** 25 Min. • **PREIS:** ca. 0,75 Euro

Pfannkuchen-Wraps mit Gemüse

Zutaten für 4 Personen

250 g Dinkelvollkornmehl
(oder Weizenvollkornmehl)
Meersalz
3 Eier · 400 ml Milch (fettarm)
ca. 150 ml Mineralwasser
2 rote Paprikaschoten
1 kleine Aubergine · 1 Zucchino
150 g Austernpilze
50 g Sojabohnensprossen
1 walnussgroßes Stück Ingwer
2 EL Öl · Pfeffer aus der Mühle
1/8 l Gemüsebrühe
2 EL Essig · 1 EL Ahornsirup
(ersatzweise Honig)
1 TL Speisestärke
2–3 EL Sojasauce

1. Für die Pfannkuchen Mehl, etwas Salz, Eier und die Milch in einer Schüssel kräftig verrühren. So viel Mineralwasser unterrühren, dass ein dünnflüssiger Teig entsteht. Den Teig zugedeckt 30 Minuten quellen lassen.
2. Inzwischen für die Füllung die Paprikaschoten, die Aubergine und den Zucchino putzen, waschen und in dünne Streifen schneiden. Die Pilze putzen und ebenfalls in Streifen schneiden. Die Sojabohnensprossen in einem Sieb waschen und abtropfen lassen. Den Ingwer schälen und reiben.
3. In einer beschichteten Pfanne wenig Öl erhitzen und aus dem Teig nacheinander acht von beiden Seiten goldgelbe Pfannkuchen backen. Die Pfannkuchen im Backofen bei 75 °C auf der mittleren Schiene warm halten.
4. Den Ingwer im restlichen Öl andünsten. Paprika, Aubergine, Zucchino und Pilze dazugeben, anbraten, salzen und pfeffern. Brühe, Essig und Ahornsirup zum Gemüse geben. Die Stärke mit etwas Wasser glatt rühren und die Sauce damit binden. Zum Schluss die Sojabohnensprossen unterheben und alles mit Sojasauce abschmecken.
5. Die Füllung auf je ein Pfannkuchenviertel verteilen und die Pfannkuchen zusammenklappen. Pro Person jeweils zwei Pfannkuchen auf Tellern oder, als Fingerfood, in Papier gewickelt servieren.

PRO PERSON: 455 kcal • **EIWEISS:** 23 g • **FETT:** 14 g • **KOHLENHYDRATE:** 58 g • **ZUBEREITUNG:** 50 Min. • **PREIS:** ca. 1,40 Euro

Forellenhappen mit Meerrettichcreme

Zutaten für 4 Personen

400 g geräucherte Forellenfilets
1/2 Salatgurke
4 Salatblätter
3 EL Crème légère
2 TL Meerrettich (aus dem Glas oder frisch gerieben)
4 Scheiben Pumpernickel
je 1 kleine rote, gelbe und grüne Paprikaschote
1 kleine Zwiebel
1/2 Bund Dill
frisch geriebener Meerrettich (nach Belieben, zum Dekorieren)

1. Die Forellenfilets in Stücke schneiden. Die Gurke waschen und in dünne Scheiben schneiden. Die Salatblätter waschen, trocken schleudern und in grobe Stücke teilen.
2. Die Crème légère mit dem Meerrettich glatt rühren und die Pumpernickelscheiben mit etwa der Hälfte davon bestreichen. Mit Salatblättern, Gurkenscheiben und der Hälfte der Forellenstücke belegen.
3. Die Paprikaschoten längs achteln, entkernen und waschen. Die Paprikastücke mit der restlichen Meerrettichcreme bestreichen und mit den restlichen Forellenstücken belegen.
4. Die Zwiebel schälen und in dünne Ringe schneiden. Den Dill waschen, trocken schütteln und die Spitzen von den Stielen zupfen. Die Forellenhäppchen mit Zwiebelringen, Dillspitzen und nach Belieben mit frisch geriebenem Meerrettich garnieren. Die belegten Pumpernickelscheiben und Paprikastücke zusammen auf einer Servierplatte anrichten.

TIPP:

Crème légère enthält nur halb so viel Fett wie Crème fraîche, kann jedoch genauso wie diese für die kalte und warme Küche verwendet werden. Falls Sie Crème légère im Supermarkt nicht erhalten, können Sie die Forellenhappen jedoch ebenso gut mit saurer Sahne zubereiten.

PRO PERSON: 240 kcal • **EIWEISS:** 26 g • **FETT:** 7 g • **KOHLENHYDRATE:** 17 g • **ZUBEREITUNG:** 20 Min. • **PREIS:** ca. 2,05 Euro

Kichererbsenmus mit Gurke

Zutaten für 4 Personen

250 g getrocknete Kichererbsen
2 Knoblauchzehen
1 Bund Petersilie
Saft von $^{1}/_{2}$ Zitrone
$^{1}/_{2}$ TL Paprikapulver (edelsüß)
100 g Sesamsamen
Meersalz
Pfeffer aus der Mühle
4 EL Olivenöl
1 kleines Stück Salatgurke
2–3 EL schwarze Oliven

1. Die Kichererbsen in reichlich Wasser über Nacht einweichen. Mit dem Einweichwasser in einem Topf bei schwacher Hitze etwa 1 Stunde garen. Die Kichererbsen in ein Sieb abgießen, abtropfen und abkühlen lassen.
2. Den Knoblauch schälen und hacken. Die Petersilie waschen und trocken schütteln, die Blätter von den Stielen zupfen. Einige Petersilienblätter für die Deko beiseitelegen. Die restliche Petersilie mit Kichererbsen, Knoblauch, Zitronensaft, Paprikapulver, Sesamsamen, Salz, Pfeffer und dem Öl im Mixer oder mit dem Stabmixer fein pürieren.
3. Das Kichererbsenmus auf Tellern oder in Schälchen anrichten und jeweils eine kleine Vertiefung hineindrücken. Nach Belieben etwas Olivenöl hineinträufeln. Das Gurkenstück waschen und in dünne Scheiben schneiden. Das Kichererbsenmus mit Petersilie garnieren, mit den Gurkenscheiben und den Oliven anrichten. Dazu passt Fladenbrot.

TIPP:

Wer Zeit sparen möchte, kann auch Kichererbsen aus der Dose nehmen. Dafür 500 g Kichererbsen in ein Sieb abgießen und mit der Zubereitung wie im Rezept ab Schritt 2 beschrieben fortfahren.

PRO PERSON: 470 kcal • **EIWEISS:** 16 g • **FETT:** 29 g • **KOHLENHYDRATE:** 34 g • **ZUBEREITUNG:** 1 Std. 15 Min. • **PREIS:** ca. 1,05 Euro

Radieschen-Milch mit Kresse

Zutaten für 4 Personen

1 großes Bund Radieschen
2 Kästchen Kresse
1 TL geriebener Meerrettich (frisch oder aus dem Glas)
2 TL Zitronensaft
500 g Buttermilch
200 ml Mineralwasser (mit Kohlensäure)
Meersalz
Pfeffer aus der Mühle

1. Die Radieschen putzen, waschen und in kleine Stücke schneiden. Die Kresseblättchen vom Beet schneiden, in ein Sieb geben und kurz mit kaltem Wasser abbrausen. Gut abtropfen lassen und etwas Kresse für die Dekoration beiseitelegen.
2. Die Radieschen mit der Kresse, dem Meerrettich und dem Zitronensaft in den Mixer geben und fein pürieren.
3. Die Buttermilch und das Mineralwasser dazugeben und alles noch einmal durchmixen.
4. Die Radieschen-Milch mit Salz und Pfeffer würzen, in Gläser füllen, mit der Kresse garnieren und mit Strohhalmen servieren.

TIPP:

Der Schärfegrad sowohl von Radieschen als auch von Meerrettich kann sehr unterschiedlich ausfallen. Wer ein zwar würziges, aber nicht beißend scharfes Getränk wünscht, sollte milde Radieschen wählen und vor allem frischen Meerrettich vorsichtig dosieren. Besser nach dem Pürieren nochmals etwas Meerrettich unterrühren, denn durch das Zerkleinern wird die Schärfe erst richtig freigesetzt!

PRO PERSON: 60 kcal • **EIWEISS:** 5 g • **FETT:** 1 g • **KOHLENHYDRATE:** 7 g • **ZUBEREITUNG:** 10 Min. • **PREIS:** ca. 0,60 Euro

Melonenjoghurt mit Aprikosen

Zutaten für 4 Personen

1 Galia- oder Honigmelone
1 Orange
8 getrocknete Aprikosen
400 g Naturjoghurt (fettarm)
1 Granatapfel
2 EL Cashewkerne

1. Die Melone halbieren und die Kerne mit einem Löffel entfernen. Mit einem Kugelausstecher aus dem Fruchtfleisch 20 kleine Kugeln ausstechen. Die Melonenhälften schälen und das restliche Fruchtfleisch in Würfel schneiden.
2. Die Orange halbieren und den Saft auspressen. Die getrockneten Aprikosen in feine Würfel schneiden.
3. Das Melonenfruchtfleisch mit dem Orangensaft und den Aprikosen im Mixer oder mit dem Stabmixer fein pürieren. Den Joghurt dazugeben und untermixen. Die Joghurt-Frucht-Mischung etwa 1 Stunde kühl stellen.
4. Inzwischen den Granatapfel halbieren und entkernen. Die Cashewkerne mit einem großen Küchenmesser grob hacken.
5. Den Melonenjoghurt auf Dessertschälchen verteilen. Melonenkugeln, Granatapfelkerne und Cashewkerne daraufgeben.

TIPP:

Falls Sie keinen Kugelausstecher zur Hand haben, schneiden Sie das gesamte Fruchtfleisch in gleichmäßige Würfel mit etwa 1 cm Kantenlänge. Stellen Sie dann 20 Melonenwürfel für die Dekoration beiseite, die restlichen Würfel pürieren Sie wie beschrieben mit den Aprikosen und dem Orangensaft.

PRO PERSON: 200 kcal • **EIWEISS:** 7 g • **FETT:** 4 g • **KOHLENHYDRATE:** 32 g • **ZUBEREITUNG:** 1 Std. 20 Min. • **PREIS:** ca. 1,50 Euro

Abendessen

Zuerst mit wenig Aufwand eine leckere Mahlzeit zubereiten, dann den Tag in Ruhe und entspannt bei einem gemeinsamen Essen mit der Familie ausklingen lassen – so fällt gesundes Essen ganz leicht.

Sesamlachs mit Blattspinat

Nur 4 Zutaten kaufen (für 4 Personen)

600 g Blattspinat (tiefgekühlt)

2 EL Crème légère

4 Lachsfilets (à 125 g)

4 EL Sesamsamen

Aus dem Vorrat: 1 Zwiebel · 3 TL Öl (am besten Rapsöl) · Meersalz · Pfeffer aus der Mühle frisch geriebene Muskatnuss (nach Belieben) · 1 Ei · Saft von 1 Zitrone

1. Die Zwiebel schälen und in kleine Würfel schneiden. In einem Topf 1 TL Öl erhitzen und die Zwiebelwürfel darin glasig dünsten. Den Spinat unaufgetaut in den Topf geben und 1/2 Tasse (etwa 70 ml) Wasser dazugießen. Den Spinat unter ständigem Rühren erhitzen. Anschließend mit Pfeffer, Salz und eventuell 1 Prise Muskatnuss abschmecken. Bis zum Servieren zugedeckt warm halten und erst dann die Crème légère unterrühren.
2. Die Lachsfilets waschen und mit Küchenpapier trocken tupfen. Mit Salz und Pfeffer würzen und mit dem Zitronensaft beträufeln.
3. Das Ei aufschlagen und in einem tiefen Teller verquirlen. Die Sesamsamen in einen tiefen Teller geben. Die Lachsfilets zunächst im Ei, dann in den Sesamsamen wenden. Den Sesam dabei gut andrücken.
4. In einer großen beschichteten Pfanne das restliche Öl erhitzen und den Fisch darin auf beiden Seiten goldbraun braten. Den Spinat zusammen mit den Lachsfilets servieren.

TIPP:

Sesamsamen eignen sich sehr gut als Alternative zu einer herkömmlichen Panade aus Paniermehl. Sie können auch jedes andere Kurzgebratene (z. B. Hähnchenschnitzel) oder auch Gemüsescheiben vor dem Braten darin wenden. Der Vorteil: Die kleinen Samen saugen kein Fett auf, enthalten aber von sich aus viele gesunde ungesättigte Fettsäuren.

PRO PERSON: 410 kcal • **EIWEISS:** 33 g • **FETT:** 29 g • **KOHLENHYDRATE:** 3 g • **ZUBEREITUNG:** 20 Min. • **PREIS:** ca. 2,20 Euro

Bandnudeln mit Wirsing

Zutaten für 4 Personen

300 g breite Bandnudeln (am besten Vollkornbandnudeln)
250 g Wirsing
300 g Austernpilze
$^1/_2$ rote Paprikaschote
75 ml Gemüsebrühe
3 EL Limettensaft
3 EL helle Sojasauce
2 Koriander- oder Petersilienstiele
4 EL Öl
Meersalz
Cayennepfeffer

1. Die Bandnudeln nach Packungsanweisung in reichlich kochendem Salzwasser bissfest garen. Die Nudeln in ein Sieb abgießen und abtropfen lassen.
2. Inzwischen den Wirsing putzen, von den dicken Blattrippen befreien, waschen und in feine Streifen schneiden. Die Pilze putzen, mit Küchenpapier abreiben und in feine Streifen schneiden. Die Paprikahälfte putzen, waschen und in möglichst feine Würfel schneiden.
3. In einer kleinen Schüssel die Brühe mit dem Limettensaft und der Sojasauce verrühren. Den Koriander oder die Petersilie waschen und trocken schütteln. Die Blätter abzupfen.
4. Den Wok erhitzen und das Öl hineingeben. Die Pilze darin etwa 1 Minute unter Rühren braten, dann an den Rand schieben. Den Wirsing hinzufügen und unter Rühren 4 bis 5 Minuten braten, bis er bissfest ist.
5. Die Pilze wieder untermischen, die abgetropften Bandnudeln und die Saucenmischung dazugeben und alles kurz unter Rühren erhitzen. Mit Salz und Cayennepfeffer abschmecken und mit den Paprikawürfeln und den Kräuterblättern bestreut servieren.

TIPP:

Anstelle von herkömmlichen Bandnudeln schmeckt das Gericht auch sehr gut mit Reisnudeln, die Sie in verschiedenen Varianten im Asienladen bekommen. Diese Nudeln werden nicht gekocht, sondern man übergießt sie nur mit kochend heißem Wasser und lässt sie etwa 15 Minuten quellen.

PRO PERSON: 380 kcal • **EIWEISS:** 15 g • **FETT:** 12 g • **KOHLENHYDRATE:** 51 g • **ZUBEREITUNG:** 30 Min. • **PREIS:** ca. 1,20 Euro

Spaghetti mit Sauce bolognese

Zutaten für 4 Personen

$^{1}/_{2}$ Knollensellerie
2 Zwiebeln
2 Möhren
2 EL Olivenöl
400 g Rinderhackfleisch (mager)
200 g Tomatenmark
1 Dose Pizzatomaten (400 g)
300 g Spaghetti
(am besten Vollkornspaghetti)
Meersalz
Pfeffer aus der Mühle
Aceto balsamico
4 TL Parmesan

1. Den Knollensellerie, die Zwiebeln und die Möhren putzen, schälen und in sehr kleine Würfel schneiden.
2. In einem weiten Topf oder einer Pfanne das Öl erhitzen und das Hackfleisch darin anbraten, bis es krümelig zerfällt. Sellerie-, Möhren- und Zwiebelwürfel dazugeben und 5 Minuten mit anschwitzen. Das Tomatenmark und die Pizzatomaten unter die Fleischmasse rühren und bei Bedarf noch etwas Wasser angießen. Die Fleischsauce zugedeckt noch etwa 10 Minuten köcheln lassen.
3. Inzwischen die Spaghetti in reichlich Salzwasser nach Packungsanweisung bissfest garen, in ein Sieb abgießen und abtropfen lassen.
4. Die Sauce mit Salz, Pfeffer und einem Schuss Aceto balsamico abschmecken. Die Spaghetti auf tiefe Teller verteilen und die Sauce daraufgeben. Jeweils mit 1 TL Parmesan bestreuen.

TIPP:

Auf die gleiche Weise lässt sich mit geräuchertem Tofu eine vegetarische Sauce zubereiten. Hacken Sie dieses zunächst klein und braten Sie es anstelle des Hackfleisches kurz an. Dann fahren Sie wie im Rezept beschrieben mit der Zubereitung fort. Damit die vegetarische Sauce rund und voll schmeckt, muss sie etwas kräftiger gewürzt werden.

PRO PERSON: 600 kcal • **EIWEISS:** 39 g • **FETT:** 23 g • **KOHLENHYDRATE:** 59 g • **ZUBEREITUNG:** 40 Min. • **PREIS:** ca. 1,40 Euro

Pilzpfanne unter der Eihaube

Zutaten für 4 Personen

200 g Austernpilze
200 g Champignons
1 Bund Frühlingszwiebeln
2 Knoblauchzehen
2 Tomaten
1 Bund Petersilie
2 EL Butter
2 EL Olivenöl
Meersalz
Pfeffer aus der Mühle
4 Eier
4 TL Sesamöl

1. Die Pilze putzen und die harten Stiele entfernen. Die Austernpilze in Stücke schneiden, die Champignons je nach Größe halbieren oder vierteln. Die Frühlingszwiebeln putzen, waschen und schräg in 1 cm breite Stücke schneiden. Den Knoblauch schälen und fein hacken. Die Tomaten waschen, halbieren, entkernen und dabei den Stielansatz entfernen. Das Fruchtfleisch fein würfeln.
2. Die Petersilie waschen und trocken schütteln. Die Blätter von den Stielen zupfen und fein hacken. Den Backofen auf 180 °C vorheizen.
3. Vier kleine Gratinförmchen mit etwas Butter einfetten. Die restliche Butter mit dem Olivenöl in einer Pfanne erhitzen und die Pilze darin 3 Minuten braten, Zwiebeln und Knoblauch dazugeben und 1 Minute mitbraten. Mit Salz und Pfeffer kräftig würzen und auf die Gratinförmchen verteilen. Die Petersilie und die Tomatenwürfel darüberstreuen.
4. Die Eier trennen. Die Eigelbe mit 1 EL Wasser verquirlen und das Sesamöl unterrühren, mit Salz und Pfeffer würzen. Die Eiweiße mit dem Handrührgerät halb steif schlagen und mit dem Schneebesen unter die Eigelbmasse ziehen. Den Eischaum über die Pilze gießen.
5. Die Gratins im heißen Backofen auf der mittleren Schiene etwa 15 Minuten backen, bis die Eimasse gestockt ist. Nach Belieben mit einem Blattsalat servieren.

PRO PERSON: 255 kcal • **EIWEISS:** 12 g • **FETT:** 21 g • **KOHLENHYDRATE:** 4 g • **ZUBEREITUNG:** 40 Min. • **PREIS:** ca. 1,60 Euro

Cannelloni mit Lauchfüllung

Zutaten für 4 Personen

etwa 6 dünne Stangen Lauch
Meersalz · Pfeffer aus der Mühle
frisch geriebene Muskatnuss
16 Cannelloni
2 EL Olivenöl
1 EL Tomatenmark
1 kleine Dose geschälte Tomaten (Abtropfgewicht 480 g)
1 EL getrockneter Oregano
Zucker
Fett für die Form
200 g Schafskäse (Feta)
150 g Crème légère

1 Die Lauchstangen putzen, waschen und in insgesamt 16 Stücke schneiden, die die gleiche Länge wie die Cannelloni haben. Die Lauchstücke in kochendem Salzwasser bissfest blanchieren. In ein Sieb abgießen, mit Salz, Pfeffer und Muskatnuss würzen. Die Cannelloni mit den Lauchstücken füllen.

2 Das Öl erhitzen, Tomatenmark, Dosentomaten und Oregano darin andünsten. Die Tomatensauce etwa 20 Minuten einkochen lassen, mit Salz, Pfeffer und etwas Zucker würzen.

3 Den Backofen auf 200 °C vorheizen. Eine ofenfeste Form einfetten und die Tomatensauce hineingeben. Die Cannelloni nebeneinander auf die Tomatensauce legen.

4 Den Schafskäse grob zerkrümeln. Mit der Crème légère verrühren, mit Salz und Pfeffer würzen und über die Cannelloni geben. Die Cannelloni im Backofen auf der mittleren Schiene etwa 35 Minuten goldbraun überbacken, die letzten 3 Minuten den Backofengrill zuschalten.

TIPP:

Die Form darf weder zu klein noch zu groß sein. Die Cannelloni sollten darin dicht nebeneinandergelegt Platz haben und ausreichend tief in der Sauce liegen. Nur so können die Nudelröllchen garen und weich werden.

PRO PERSON: 450 kcal • **EIWEISS:** 20 g • **FETT:** 23 g • **KOHLENHYDRATE:** 39 g • **ZUBEREITUNG:** 1 Std. 10 Min. • **PREIS:** ca. 1,55 Euro

Fischpfanne mit mediterranem Gemüse

Zutaten für 4 Personen

750 g Fischfilets
(z. B. Rotbarsch, Pangasius,
Thunfisch, Lachs)
5 EL Olivenöl
Meersalz
Saft von 1 Zitrone
2 Fleischtomaten (ca. 400 g)
3 kleine Zucchini (ca. 400 g)
1 Bund Frühlingszwiebeln
je 1 rote und gelbe
Paprikaschote (à ca. 150 g)
2 Zwiebeln
2 Knoblauchzehen
$^1/_2$ Bund Petersilie
1 Rosmarinzweig
2 Thymianzweige
1 EL Rapsöl (oder Olivenöl)
Pfeffer aus der Mühle
Rosmarin und Thymian zum
Dekorieren (nach Belieben)

1. Den Fisch waschen, mit Küchenpapier trocken tupfen und in mundgerechte Stücke schneiden. 4 EL Olivenöl, Salz und Zitronensaft zu einer Marinade verquirlen, die Fischstücke darin wenden und zugedeckt mindestens 30 Minuten ziehen lassen.
2. Inzwischen die Tomaten kreuzweise einritzen, überbrühen, häuten, entkernen und das Fruchtfleisch in kleine Stücke schneiden. Die Zucchini putzen, waschen und in Scheiben schneiden. Die Frühlingszwiebeln putzen, waschen und in breite Ringe schneiden. Die Paprikaschoten längs halbieren, putzen, waschen und in schmale Streifen schneiden.
3. Die Zwiebeln und den Knoblauch schälen. Die Zwiebeln in kleine Würfel schneiden, den Knoblauch durch die Presse drücken. Petersilie, Rosmarin und Thymian waschen und trocken schütteln. Die Blättchen bzw. Nadeln abzupfen und fein hacken.
4. In einer beschichteten Pfanne 1 EL Rapsöl erhitzen und die Zwiebelwürfel darin glasig dünsten. Tomaten, Zucchini, Frühlingszwiebeln, Paprikastreifen und Knoblauch dazugeben, rundherum kurz anbraten, dann zugedeckt etwa 3 Minuten schmoren. Mit Salz und Pfeffer abschmecken.
5. Die Fischstücke aus der Marinade nehmen und abtropfen lassen. Das restliche Olivenöl in einer großen beschichteten Pfanne erhitzen und die Fischstücke darin von allen Seiten knusprig anbraten. Zum Schluss das Gemüse dazugeben und alles vorsichtig vermengen. Auf Teller verteilen und nach Belieben mit Rosmarin und Thymian garniert servieren. Dazu passt Vollkornreis oder Vollkornbaguette.

PRO PERSON: 505 kcal • **EIWEISS:** 41 g • **FETT:** 32 g • **KOHLENHYDRATE:** 12 g • **ZUBEREITUNG:** 45 Min. • **PREIS:** ca. 3,40 Euro

Schweinemedaillons mit Orangensauce

Zutaten für 4 Personen

600 g Schweinefilet
1 EL Öl
Meersalz
Pfeffer aus der Mühle
4 Orangen
2 Zwiebeln
300 g Champignons
1 EL Butter
200 ml Gemüsebrühe
1 EL Honig
1 Msp. Ingwerpulver
2 EL Sojasauce
100 g saure Sahne
Spalten von 1 unbehandelten Orange und Kerbel (nach Belieben)

1. Das Schweinefilet waschen, mit Küchenpapier trocken tupfen und in etwa 2 cm dicke Scheiben schneiden. Die Scheiben etwas flach drücken. Das Öl in einer Pfanne erhitzen und die Fleischscheiben darin von beiden Seiten hellbraun anbraten. Mit Salz und Pfeffer würzen und zugedeckt beiseitestellen.
2. Zwei Orangen so großzügig schälen, dass auch die weiße Haut mit entfernt wird. Die Fruchtfilets aus den Trennhäuten schneiden, dabei den austretenden Saft auffangen. Die restlichen Orangen auspressen. Zwiebeln schälen und in feine Würfel schneiden. Champignons putzen und in dünne Scheiben schneiden.
3. Die Butter in einer Pfanne zerlassen und die Zwiebelwürfel darin andünsten. Orangensaft, Brühe und Champignonscheiben in die Pfanne geben und offen 10 Minuten bei schwacher Hitze köcheln lassen.
4. Honig, Ingwer, Orangenfilets und Sojasauce hinzufügen. Die Schweinemedaillons ebenfalls in die Sauce geben und alles 2 Minuten köcheln lassen. Die Pfanne von der Herdplatte nehmen und die saure Sahne unter die Sauce rühren. Die Schweinemedaillons mit der Sauce anrichten und nach Belieben mit Orangenspalten sowie Kerbel garnieren. Dazu passen Bandnudeln.

PRO PERSON: 345 kcal • **EIWEISS:** 39 g • **FETT:** 13 g • **KOHLENHYDRATE:** 18 g • **ZUBEREITUNG:** 35 Min. • **PREIS:** ca. 2,45 Euro

Pochiertes Rinderfilet mit Gemüse

Zutaten für 4 Personen

3 Stangen Lauch (ca. 300 g)
2 Möhren (ca. 200 g)
1 Stück Knollensellerie (ca. 200 g)
600 g Rinderfilet
Pfeffer aus der Mühle
Korianderpulver
1 l Rinderbrühe
5–6 EL Instant-Maisgrieß (Polenta)
2 EL Crème légère
Meersalz
Petersilienblätter zum Garnieren

1. Den Lauch putzen, waschen und schräg in etwa 1/2 cm dicke Ringe schneiden. Die Möhren und den Sellerie schälen und in feine Streifen schneiden. Das Rinderfilet in 1/2 cm dicke Scheiben schneiden und mit Pfeffer und Koriander einreiben.
2. Die Brühe in einem Topf zum Kochen bringen. Lauch, Möhren und Sellerie etwa 5 Minuten darin garen. Die Hitze reduzieren, das Fleisch zum Gemüse geben und zugedeckt bei schwacher Hitze etwa 2 Minuten ziehen lassen.
3. Ein Drittel der Brühe in eine Schüssel abgießen und das Fleisch sowie etwa die Hälfte des Gemüses darin warm halten.
4. Den Maisgrieß und die Crème légère unter das restliche Gemüse rühren und einmal aufkochen lassen. Mit Salz und Pfeffer abschmecken. Das Gemüse zusammen mit dem Fleisch auf Tellern anrichten und nach Belieben mit Petersilie garnieren.

TIPP:

Feiner Maisgrieß oder auch gemahlene Hirse eignen sich in Saucen sehr gut als alternatives Saucenbindemittel zu Mehl und Speisestärke.

PRO PERSON: 285 kcal • **EIWEISS:** 36 g • **FETT:** 8 g • **KOHLENHYDRATE:** 17 g • **ZUBEREITUNG:** 30 Min. • **PREIS:** ca. 5,65 Euro

Putenspieße mit Wildreismischung

Zutaten für 4 Personen

120 g Wildreis oder Wildreismischung
Meersalz
600 g Putenbrust
je 1 rote, gelbe und grüne Paprikaschote
250 g Kirschtomaten
250 g Champignons
2 kleine Zucchini (ca. 200 g)
Pfeffer aus der Mühle
2 EL Rapsöl
Thymian zum Garnieren (nach Belieben)

1. Den Wildreis oder die Wildreismischung mit 250 ml Salzwasser in einen Topf geben und zugedeckt zum Kochen bringen. Bei schwacher Hitze etwa 20 Minuten köcheln lassen.
2. Inzwischen das Putenfleisch waschen, mit Küchenpapier trocken tupfen und in etwa 2 cm große Würfel schneiden. Die Paprikaschoten längs halbieren, putzen, waschen und in etwa 3 cm große Stücke schneiden. Die Tomaten waschen. Die Champignons putzen und je nach Größe ganz lassen oder halbieren bzw. vierteln. Die Zucchini putzen, waschen und in 1 cm dicke Scheiben schneiden.
3. Das Fleisch abwechselnd mit Paprikastücken, Tomaten, Champignons und Zucchini auf Holz- oder Metallspieße stecken. Mit Salz und Pfeffer würzen. In einer ausreichend großen Pfanne das Öl erhitzen und die Spieße darin gleichmäßig von allen Seiten goldbraun braten, das Gemüse darf noch knackig sein.
4. Die Wildreismischung in ein Sieb abgießen und abtropfen lassen. Die Fleischspieße zusammen mit dem Reis auf Tellern anrichten und nach Belieben mit Thymian dekorieren.

TIPP:

Lieben Sie Gegrilltes? Dann garen Sie die Spieße doch einfach einmal unter dem Backofengrill oder im Sommer auf dem Elektro- oder Holzkohlegrill. Bepinseln Sie dafür Fleisch und Gemüse nach dem Aufspießen mit etwas Öl.

PRO PERSON: 365 kcal • **EIWEISS:** 43 g • **FETT:** 8 g • **KOHLENHYDRATE:** 30 g • **ZUBEREITUNG:** 30 Min. • **PREIS:** ca. 2,- Euro

Hähnchenbrust mit Limettenöl

Zutaten für 4 Personen

600 g kleine neue Kartoffeln
500 g Möhren
100 g Zuckerschoten
Meersalz
1 unbehandelte Limette
4 EL Olivenöl
2 Knoblauchzehen
4 Hähnchenbrustfilets
(à ca. 150 g)
Pfeffer aus der Mühle
30 g weiche Butter
einige Basilikumblätter

1. Die Kartoffeln unter fließendem Wasser gründlich waschen und bei Bedarf abbürsten. Mit Schale in wenig Wasser 20 Minuten garen.
2. Inzwischen die Möhren putzen, schälen und schräg in Scheiben schneiden. Die Zuckerschoten putzen und waschen. Das Gemüse in kochendem Salzwasser 4 Minuten blanchieren. Abgießen, abschrecken und abtropfen lassen.
3. Die Limette heiß waschen und trocken reiben. Die Schale abreiben, den Saft auspressen und beides mit dem Öl verrühren. Den Knoblauch schälen und dazupressen. Mit etwas Salz würzen und gut vermischen.
4. Den Backofengrill einschalten. Die Hähnchenbrustfilets waschen und mit Küchenpapier trocken tupfen. Mit Salz und Pfeffer würzen, in eine ofenfeste Form legen und mit dem Limettenöl bestreichen. Im heißen Backofen auf beiden Seiten je etwa 5 Minuten grillen.
5. Die Kartoffeln in ein Sieb abgießen, abtropfen lassen und zugedeckt warm halten. Die Butter in einer Pfanne erhitzen und das blanchierte Gemüse unter Rühren darin erwärmen, mit Salz und Pfeffer würzen. Die Basilikumblätter waschen, trocken schütteln, in Streifen schneiden und untermischen.
6. Die Hähnchenbrustfilets auf dem Gemüse anrichten und mit Limettenscheiben garnieren. Die Kartoffeln dazu servieren.

PRO PERSON: 460 kcal • **EIWEISS:** 41 g • **FETT:** 18 g • **KOHLENHYDRATE:** 32 g • **ZUBEREITUNG:** 30 Min. • **PREIS:** ca. 1,95 Euro

Gemüsecurry mit Kokossauce

Zutaten für 4 Personen

300 g Brokkoli
200 g grüne Bohnen
3 Möhren (ca. 250 g)
1 rote Paprikaschote
2 Knoblauchzehen
Meersalz
1 EL Öl
1–2 EL gelbe Currypaste
(ersatzweise 1 EL Currypulver)
200 ml Kokosmilch
(aus der Dose)
200 g Naturjoghurt (fettarm)
Koriander zum Garnieren
(nach Belieben)

1. Den Brokkoli putzen, waschen und in Röschen zerteilen. Die Bohnen putzen und waschen. Die Möhren putzen, schälen, längs vierteln und in mundgerechte Stücke schneiden. Die Paprikaschote längs halbieren, entkernen, waschen und in Streifen schneiden. Den Knoblauch schälen und fein hacken.
2. Das Gemüse nacheinander in kochendem Salzwasser bissfest garen: Bohnen 8 Minuten, Möhren 5 Minuten, Brokkoli 4 Minuten. Abgießen, kalt abschrecken und abtropfen lassen.
3. In einem Topf das Öl erhitzen. Die Currypaste unterrühren, dann den Knoblauch dazugeben und mit der Kokosmilch ablöschen. Kurz aufkochen lassen, dann die Hitze reduzieren.
4. Die Paprikastreifen dazugeben und 3 Minuten köcheln lassen. Brokkoli, Bohnen und Möhren dazugeben und weitere 3 Minuten mitgaren. Den Joghurt unterrühren und das Curry mit Salz abschmecken. Nach Belieben mit Koriander garnieren und mit Reis servieren.

TIPP:

Currypasten erhalten Sie in asiatischen Lebensmittelgeschäften. Genauso wie Currypulver können die Mischungen in Geschmack und Schärfe sehr unterschiedlich sein. Dosieren Sie deshalb sowohl Paste als auch Pulver zunächst vorsichtig!

PRO PERSON: 205 kcal • **EIWEISS:** 8 g • **FETT:** 13 g • **KOHLENHYDRATE:** 13 g • **ZUBEREITUNG:** 40 Min. • **PREIS:** ca. 0,65 Euro

Brotsalat mit Thunfisch

Zutaten für 4 Personen

200 g Vollkorntoastbrot (vom Vortag)
2 Frühlingszwiebeln
2 Tomaten
1 kleine Salatgurke (ca. 200 g)
1 gelbe Paprikaschote
2 EL Essig
Meersalz
Pfeffer aus der Mühle
½ TL Zucker
5 EL Olivenöl
1 Dose Thunfisch (im eigenen Saft; 150 g Abtropfgewicht)
2 EL eingelegte Kapern

1. Das Toastbrot entrinden und in Würfel schneiden. Die Frühlingszwiebeln putzen, waschen und mit dem Grün in dünne Ringe schneiden.
2. Die Tomaten waschen, vierteln, entkernen und die Stielansätze entfernen. Die Gurke waschen, längs halbieren und die Kerne mit einem Teelöffel entfernen. Die Paprikaschote längs halbieren, entkernen und waschen. Tomaten, Gurke und Paprikaschote in kleine Würfel schneiden.
3. Den Essig mit Salz, Pfeffer, dem Zucker und dem Olivenöl in einer Schüssel gründlich verrühren. Die Gemüse- und Brotwürfel untermischen und den Salat etwa 30 Minuten ziehen lassen.
4. Den Thunfisch abtropfen lassen und mit einer Gabel grob zerteilen. Kurz vor dem Servieren den Thunfisch unter den Brotsalat mischen, den Salat nochmals abschmecken und mit den Kapern bestreut servieren.

TIPP:

Die Gemüsezutaten für den Brotsalat lassen sich problemlos variieren: Probieren Sie z. B. auch einmal Staudensellerie, den Sie in feine Scheiben schneiden, oder knackig blanchierte grüne Bohnenstücke. Und anstelle von Kapern ergänzen auch Oliven die Salatzutaten sehr gut.

PRO PERSON: 315 kcal • **EIWEISS:** 16 g • **FETT:** 15 g • **KOHLENHYDRATE:** 28 g • **ZUBEREITUNG:** 50 Min. • **PREIS:** ca. 0,75 Euro

Doppelburger mit zweierlei Saucen

Zutaten für 4 Personen

400 g Rinderhackfleisch (mager)
2 Eier
2 EL Haferflocken
2 kleine Zwiebeln
2 EL Rapsöl
2 Möhren
Meersalz
Pfeffer
4 EL Tomatenmark (ca. 80 g)
getrockneter Oregano
150 ml Naturjoghurt (fettarm)
1 EL Senf
1 Spritzer Zitronensaft
4 große Brötchen (am besten Vollkornbrötchen)
8 Salatblätter
2 Fleischtomaten (ca. 500 g)
1/2 Salatgurke
1 Bund Rucola

1. Für die Burger das Rinderhackfleisch in einer Schüssel mit den Eiern und den Haferflocken verkneten. Die Zwiebeln schälen und fein hacken. 1 TL Öl in einer Pfanne erhitzen und die Zwiebeln darin glasig dünsten. Die Möhren schälen, fein raspeln und zusammen mit den Zwiebeln unter die Hackfleischmasse rühren. Die Masse mit Salz und Pfeffer würzen und acht flache Frikadellen daraus formen.
2. Für die Tomatensauce das Tomatenmark mit wenig Wasser glatt rühren und mit Salz, Pfeffer sowie Oregano würzen. Für die Joghurtsauce den Joghurt mit dem Senf, dem Zitronensaft, Salz und Pfeffer cremig verrühren.
3. In einer großen Pfanne das restliche Öl erhitzen und die Frikadellen darin bei mittlerer Hitze von beiden Seiten knusprig braun braten. Den Backofengrill einschalten. Die Brötchen zweimal waagerecht durchschneiden, sodass drei Teile entstehen. Die Schnittflächen im Ofen leicht anrösten.
4. Die Salatblätter waschen, trocken schleudern und grob zerteilen. Die Tomaten waschen, die Stielansätze entfernen und die Tomaten in Scheiben schneiden. Die Gurke waschen und in dünne Scheiben schneiden. Den Rucola waschen, trocken schütteln und grobe Stiele entfernen.
5. Den unteren Brötchenteil nach Geschmack mit einer oder beiden Saucen bestreichen und mit den Salatblättern belegen. Je eine Frikadelle daraufgeben und mit Tomaten belegen. Den mittleren Brötchenteil darauflegen und mit etwas Joghurtsauce bestreichen. Dann mit Rucolablättern, einer weiteren Fleischfrikadellen, Gurken- und Tomatenscheiben belegen. Abschließend den Brötchendeckel auflegen.

TIPP:

Je nach Geschmack können die Burger noch mit frischen Zwiebelringen belegt werden. Fisch-Fans füllen den Burger einfach mit gebratenem Fischfilet oder geräuchertem Lachs. Belegen Sie die Salatblätter dann zusätzlich mit eingelegten Senfgurken.

PRO PERSON: 520 kcal • **EIWEISS:** 36 g • **FETT:** 25 g • **KOHLENHYDRATE:** 36 g • **ZUBEREITUNG:** 30 Min. • **PREIS:** ca. 1,80 Euro

Süßes

Alltäglich sollte Süßes nicht sein. Doch wenn Obst, Vollkornmehl und fettarme Milchprodukte die Hauptrolle spielen, können auch pummelige Schleckermäuler ohne schlechtes Gewissen ab und zu ein Dessert oder ein Stück Kuchen genießen.

Gefüllte Melone mit Birnenjoghurt

Nur 4 Zutaten kaufen (für 4 Personen)

2 kleine Galiamelonen

4 Birnen

2 Orangen

300 g Naturjoghurt (fettarm)

Aus dem Vorrat: 2 TL flüssiger Honig · Zimtpulver

1. Die Melonen halbieren und die Kerne mit einem Esslöffel entfernen. Die Birnen waschen, vierteln und entkernen. Die Hälfte der Birnenviertel schälen und in kleine Würfel schneiden. Die restlichen Birnenviertel in dünne Spalten schneiden.
2. Die Orangen mit einem scharfen Messer so großzügig schälen, dass auch die weiße Haut mit entfernt wird. Die Fruchtfilets aus den Trennhäuten schneiden und den dabei austretenden Saft auffangen.
3. Den Joghurt mit dem Orangensaft, dem Honig und etwas Zimt in einer Schüssel glatt rühren. Einige Orangenfilets beiseitestellen, die restlichen zusammen mit den Birnenwürfeln unter den Joghurt mischen.
4. Zum Servieren den Fruchtjoghurt in die entkernten Melonenhälften füllen und die Birnenspalten sowie die restlichen Orangenfilets dekorativ darauf anrichten.

TIPP:

Zum Süßen des Birnenjoghurts können Sie auch Agavendicksaft oder Ahornsirup verwenden. Er lässt sich besonders gut mit dem Joghurt verrühren. Achten Sie beim Kauf der Melonen darauf, dass diese richtig reif sind. Reife Galiamelonen duften intensiv, und die Schale der Früchte ist nicht hart, sondern gibt auf Fingerdruck etwas nach.

PRO PERSON: 245 kcal • **EIWEISS:** 6 g • **FETT:** 2 g • **KOHLENHYDRATE:** 50 g • **ZUBEREITUNG:** 20 Min. • **PREIS:** ca. 1,25 Euro

Schokoladen-Crêpes mit Karambole

Nur 4 Zutaten kaufen (für 4 Personen)

2 Eier

1 EL Kakaopulver (stark entölt)

1 Karambole (Sternfrucht)

20 g Zartbitterschokolade

Aus dem Vorrat: 1 EL Vollrohrzucker · 70 g Weizenvollkornmehl (4 gehäufte EL) ca. 180 ml Milch (fettarm) · 2 EL Öl · Puderzucker (nach Belieben)

1. Eier, Zucker, Mehl und Kakaopulver in einer Schüssel verrühren. 150 ml Milch dazugießen und alles mit dem Schneebesen zu einem glatten Teig verrühren. Der Teig sollte dickflüssig sein, bei Bedarf noch etwas mehr Milch unterrühren. Den Crêpeteig zugedeckt 10 Minuten quellen lassen.
2. Inzwischen die Karambole waschen, mit Küchenpapier trocken reiben und in dünne Scheiben schneiden. Die Karambolescheiben zugedeckt beiseitestellen. Die Schokolade mit einem Sparschäler in feinen Spänen abziehen.
3. In einer beschichteten Pfanne ½ EL Öl erhitzen, ein Viertel des Teigs hineingeben und durch Schwenken in der Pfanne verteilen. Die Crêpe bei schwacher Hitze 1 bis 2 Minuten gerade eben fest werden lassen. Dann wenden und fertig backen. Die Crêpe zusammenklappen und auf einen vorgewärmten Teller gleiten lassen. Aus dem restlichen Teig auf die gleiche Weise drei weitere Crêpes backen und auf vorgewärmte Teller geben.
4. Die Crêpes mit Schokoladenspänen und mit Karambolescheiben garnieren und nach Belieben mit Puderzucker bestreuen.

TIPP:

Schokoladenspäne oder -raspel erhalten Sie auch als Fertigprodukt in der Backwarenabteilung des Supermarkts.

PRO PERSON: 225 kcal • **EIWEISS:** 8 g • **FETT:** 11 g • **KOHLENHYDRATE:** 19 g • **ZUBEREITUNG:** 20 Min. • **PREIS:** ca. 0,70 Euro

Buttermilch-Türmchen mit Birne

Zutaten für 4 Personen

6 Blatt weiße Gelatine
2 unbehandelte Zitronen
600 g Buttermilch
8 EL Birnendicksaft
2 reife Birnen
4 dünne Birnenscheiben (im Ofen getrocknet, nach Belieben)

1. Die Gelatine in kaltem Wasser einweichen. Die Zitronen heiß abwaschen und trocken reiben. Von der Schale einige feine Streifen mit dem Zestenreißer abziehen, die restliche Schale abreiben. Den Saft auspressen.
2. Die Gelatine leicht ausdrücken und tropfnass in einen kleinen Topf geben. Bei schwacher Hitze unter gelegentlichem Rühren auflösen.
3. Die Buttermilch in eine Schüssel geben. Zunächst 1 EL Buttermilch mit dem Schneebesen unter die Gelatine rühren, dann 2 weitere EL unterrühren, bis die Gelatine fast abgekühlt ist. Die Mischung mit dem Schneebesen unter die restliche Buttermilch rühren. Die Hälfte des Zitronensafts, 6 EL Birnendicksaft, die abgeriebene Zitronenschale und die -streifen unterrühren. Die Flüssigkeit in Förmchen gießen und im Kühlschrank gelieren lassen.
4. Inzwischen die Birnen vierteln, entkernen und schälen. Die Birnenviertel mit dem restlichen Zitronensaft und dem restlichen Birnendicksaft in einem kleinen Topf zugedeckt zum Kochen bringen und 1 Minute kochen lassen. Beiseitestellen und abkühlen lassen.
5. Zum Servieren die Förmchen mit dem Gelee kurz in heißes Wasser tauchen, mit einem spitzen Messer vorsichtig vom Rand lösen und auf Dessertteller stürzen. Mit den Birnen anrichten, nach Belieben mit Zitronenzesten und getrockneten Birnenscheiben garnieren.

PRO PERSON: 190 kcal • **EIWEISS:** 8 g • **FETT:** 1 g • **KOHLENHYDRATE:** 40 g • **ZUBEREITUNG:** 2 Std. 30 Min. • **PREIS:** ca. 0,60 Euro

Heidelbeermuffins mit Orange

Zutaten für 12 Stück

Fett und Mehl für die Form
200 g Heidelbeeren
(frisch oder tiefgekühlt)
2–3 Orangen
(davon 1 unbehandelt)
1 Ei
6 EL Öl
250 g Vollkornmehl
100 g Vollrohrzucker
2 TL Backpulver
1/2 TL Natron
Meersalz
Puderzucker (zum Bestäuben)

1. Den Backofen auf 180 °C vorheizen. Die Vertiefungen einer Muffinform einfetten und mit Mehl bestäuben oder Papierförmchen hineinsetzen. Frische Heidelbeeren verlesen, waschen und auf Küchenpapier abtropfen lassen.
2. Die unbehandelte Orange heiß waschen, trocken reiben und 1/2 EL Schale fein abreiben. Alle Orangen auspressen. Das Ei, das Öl und die Orangenschale in einer Schüssel verrühren. 250 ml Orangensaft durch ein feines Sieb dazugießen und alles verrühren.
3. Das Mehl mit dem Zucker, dem Backpulver, dem Natron und 1 Prise Salz in einer Rührschüssel vermischen. Die Saftmischung dazugeben und mit dem Schneebesen oder einem Kochlöffel nur so lange verrühren, bis alle Zutaten feucht sind. Gegebenenfalls noch etwas Orangensaft unterrühren, der Teig sollte leicht zäh sein. Die Heidelbeeren (tiefgekühlte Beeren unaufgetaut) unter den Teig heben.
4. Den Teig maximal drei Viertel hoch in die Vertiefungen der Muffinform füllen und die Muffins im Backofen auf der mittleren Schiene etwa 30 Minuten goldbraun backen. Aus dem Backofen nehmen und etwa 5 Minuten ruhen lassen. Die Muffins aus der Form lösen, abkühlen lassen und zum Servieren nach Belieben dünn mit Puderzucker bestäuben.

PRO STÜCK: 175 kcal • **EIWEISS:** 3 g • **FETT:** 6 g • **KOHLENHYDRATE:** 25 g • **ZUBEREITUNG:** 50 Min. • **PREIS:** ca. 0,30 Euro

Bratäpfel mit Mandelfüllung

Zutaten für 4 Personen

4 große Äpfel (z. B. Boskop)
3 getrocknete Aprikosen
60 g Amaretti (italienische Mandelkekse)
2 EL Rosinen
400 ml Apfelsaft
20 g gehackte Mandeln
Fett für die Form
2 EL Butter
Puderzucker
4 Kugeln Vanilleeis (fettarm)

1. Die Äpfel waschen und von jedem Apfel einen Deckel mitsamt Stiel abschneiden. Mit einem Apfelausstecher die Kerngehäuse entfernen. Das Fruchtfleisch mit einem Löffel herauslösen und klein schneiden. Die Äpfel kühl stellen.
2. Für die Füllung die Aprikosen in kleine Würfel schneiden. Die Amaretti in einer Schüssel zerbröseln. Die Aprikosen- und Apfelwürfel und die Rosinen hinzufügen und mit 50 ml Apfelsaft beträufeln. Die Masse etwa 30 Minuten ziehen lassen.
3. Den Backofen auf 200 °C vorheizen. Die gehackten Mandeln unter die Amarettifüllung mischen. Die ausgehöhlten Äpfel in eine große eingefettete Auflaufform setzen. Die Füllung mit einem kleinen Löffel in die Äpfel geben und mit Butterflocken belegen. Die Apfeldeckel daraufsetzen und die restliche Füllung um die Früchte herum verteilen.
4. Die Äpfel im vorgeheizten Backofen auf der mittleren Schiene 10 Minuten garen. Den restlichen Apfelsaft angießen und die Äpfel etwa 15 Minuten weitergaren. Die Bratäpfel aus dem Ofen nehmen und auf Tellern anrichten. Wenig Puderzucker darüber stäuben und noch heiß mit je 1 Kugel Vanilleeis servieren.

TIPP:

Anstelle von Vanilleeis schmeckt auch eine Vanillesauce sehr gut zu den Bratäpfeln. Bereiten Sie dafür einfach mit fettarmer Milch eine Sauce aus Vanillesaucenpulver zu. Verzichten Sie auf den auf der Packungsanweisung angegebenen Zucker. Süßen Sie die Sauce stattdessen nach der Zubereitung mit wenig Ahornsirup oder Honig.

PRO PERSON: 370 kcal • **EIWEISS:** 4 g • **FETT:** 15 g • **KOHLENHYDRATE:** 54 g • **ZUBEREITUNG:** 1 Std. 10 Min. • **PREIS:** ca. 0,95 Euro

Beereneis mit Buttermilch

Zutaten für 4 Personen

1 kleine Banane
300 g tiefgekühlte Beerenobstmischung (aufgetaut)
200 g Speisequark (Magerstufe)
200 g Buttermilch
2 El gehackte Pistazien

1. Die Banane schälen und in Scheiben schneiden. Etwa drei Viertel der aufgetauten Beerenmischung, die Banane, den Quark und die Buttermilch in ein hohes Gefäß geben und alles mit einem Stabmixer glatt pürieren. Die restlichen Beeren als ganze Früchte unter die Mischung rühren.
2. Die Eismasse in einer Eismaschine cremig gefrieren lassen. Oder alternativ in einer gefrierbeständigen Schüssel etwa 3 Stunden tiefkühlen, dabei zwischendurch mehrmals kräftig durchrühren. Das Beereneis in kleinen Schälchen anrichten und mit den Pistazien bestreuen.

TIPP:

Ganz besonders schnell lässt sich aus den Zutaten ein halb gefrorenes Sorbet zubereiten. Dafür Quark, Buttermilch und Banane direkt aus dem Kühlschrank verwenden und die Beerenobstmischung vorher nicht auftauen lassen, sondern gefroren direkt mit den restlichen Zutaten pürieren.

PRO PERSON: 170 kcal • **EIWEISS:** 10 g • **FETT:** 3 g • **KOHLENHYDRATE:** 24 g • **ZUBEREITUNG:** 30 Min. • **PREIS:** ca. 0,45 Euro

Rezeptregister

Bildnachweis

Dr. Kai-Uwe Nielsen: 4 oben, 7, 8-9, 13, 17, 39, 40-41, 43, 58, 61, 100-101, 126-127, 140-141, 166-167, Umschlagsseite hinten (l., r.); **gettyimages/Ableimages:** 4 (u. r)., 50; **gettyimages/altrendo images:** 47; **gettyimages/Fredrik Clement:** 28; **gettyimages/George Doyle:** 54; **gettyimages/Westend61:** 84-85; **IFA-Bilderteam/BE&W:** 37; **Jo Kirchherr:** 5 (o. l.), 84, 86 (2. v. l., 2. v. r., r.), 89, 90, 94, 96, 102 (2. v. r., r.), 103, 104 (2. v. l., r.), 109, 115, 125, 128 (2. v. l., r.), 129, 130 (2. v. l.), 135, 137, 142, 143, 144 (l.), 145, 147, 153, 168 (2. v. l.), 170 (2. v. l. 2. v. r., r.), 178; **Jupiterimages:** 19, 53; **Marco Thiel:** 60; **mauritius images/Botanica:** 36; **mauritius images/Fancy:** 64; **mauritius images/Fiona Fergusson:** 48; **mauritius images/image100:** 56; **mauritius images/Pixland:** 11; **mauritius images/purestock:** Vignetten (66-83); **mauritius images/Simone Fichtl:** 34; **mauritius images/Stock Image:** 57; **mauritius images/Uwe Umstätter:** 63; **mauritius images/imagebroker.net:** 25; **mauritius images/Nikki:** 27; **mauritius images/Peter Widmann:** 20; **StockFood/Eising:** 136, 155, 157; **StockFood/Antje Plewinski:** 110; **StockFood/Bayside:** 173; **StockFood/C. Carlott:** 154; **StockFood/FoodPhotography Eising:** 4 u. l., 5 o. r., 18, 22, 66-83, 85, 91, 93, 98, 105, 123, 133, 149, 163, 169, 172, Umschlag hinten (m.), Vignetten (90-99, 172-178); **StockFood/G. Scarlini:** 171; **StockFood/J. Skowronek:** 176; **StockFood/J. Duncan:** 107; **StockFood/J. Cazals:** 97, 106; **StockFood/L. Hammond:** 99; **StockFood/L. Lister:** 148; **StockFood/Len Mastri:** 111; **StockFood/Louise Lister:** 117; **StockFood/M. Brauner:** 118, Vignetten (106-124); **StockFood/M. Urban:** 177; **StockFood/S. & P. Eising:** 121, 131, 132, 161, Vignetten (132-138); **StockFood/S. Cato-Symonds:** 159; **StockFood/Susie Eising:** 113, 116, 122, 139, 162, 165, 175, Vignetten (146-164); **StockFood/U. Bender:** 158; **Superbild/ John Powell:** 23; **Walter Cimbal:** 86 l., 88, 102 (l., m. r.), 104 (l., 2. v. r.), 128 (l., 2. v. r.) 130 (l., 2. v. r., r.), 142, 144 (2. v. l., 2. v. r., r.), 151, 168 (l., 2. v. r., r.) 170 (l.).